高一同學的目標

1. 「用會話背7000字①」書＋CD 280元

以三個極短句為一組的方式，讓同學背了會話，同時快速增加單字。高一同學要從「國中常用2000字」挑戰「高中常用7000字」，加強單字是第一目標。

2. 「一分鐘背9個單字」書＋CD 280元

利用字首、字尾的排列，讓你快速增加單字。一次背9個比背1個字簡單。

3. rival

rival [5] (ˈraɪvḷ) n. 對手
arrival [3] (əˈraɪvḷ) n. 到達 ⎱ 都有 rival
festival [2] (ˈfɛstəvḷ) n. 節日；慶祝活動

revival [6] (rɪˈvaɪvḷ) n. 復甦
survival [3] (səˈvaɪvḷ) n. 生還 ⎱ 字尾是 vival
carnival [6] (ˈkɑrnəvḷ) n. 嘉年華會

carnation [5] (karˈneʃən) n. 康乃馨
donation [6] (doˈneʃən) n. 捐贈 ⎱ 字尾是 n
donate [6] (ˈdonet) v. 捐贈

U0084443

3. 「一口氣考試英語」書＋CD 280元

把大學入學考試題目編成會話，背了以後，會說英語，又會考試。

例如：

What a nice surprise! (真令人驚喜！)【常考】
I can't believe my eyes.
(我無法相信我的眼睛。)
Little did I dream of seeing you here.
(做夢也沒想到會在這裡看到你。)【駒澤大】

4. 「一口氣背文法」書＋CD 280元

英文文法範圍無限大，規則無限多，誰背得完？劉毅老師把文法整體的概念，編成216句，背完了會做文法題、會說英語，也會寫作文。既是一本文法書，也是一本會話書。

1. 現在簡單式的用法

I *get up* early every day.

I *understand* this rule now.

Actions *speak* louder than words.

我每天早起。

我現在了解這條規定了。

行動勝於言辭。

【二、三句強調實踐早起】

5. 「高中英語聽力測驗①」書＋MP3 280元

6. 「高中英語聽力測驗進階」書＋MP3 280元

高一月期考聽力佔20％，我們根據大考中心公布的聽力題型編輯而成。

7. 「高一月期考英文試題」書 280元

收集建中、北一女、師大附中、中山、成功、景美女中等各校試題，並聘請各校名師編寫模擬試題。

8. 「高一英文克漏字測驗」書 180元

9. 「高一英文閱讀測驗」書 180元

全部取材自高一月期考試題，英雄所見略同，重複出現的機率很高。附有翻譯及詳解，不必查字典，對錯答案都有明確交待，做完題目，一看就懂。

高二同學的目標──提早準備考大學

1.「用會話背7000字①②」
書+CD，每冊280元

「用會話背7000字」能夠解決
所有學英文的困難。高二同學
可先從第一冊開始背，第一冊
和第二冊沒有程度上的差異，
背得越多，單字量越多，在腦
海中的短句越多。每一個極短句大多不超過5個字，1個字或
2個字都可以成一個句子，如：「用會話背7000字①」p.184，
每一句都2個字，好背得不得了，而且與生活息息相關，是
每個人都必須知道的知識，例如：成功的祕訣是什麼？

11. What are the keys to success?

Be *ambitious*.	要有<u>雄心</u>。
Be *confident*.	要有<u>信心</u>。
Have *determination*.	要有<u>決心</u>。
Be *patient*.	要有<u>耐心</u>。
Be *persistent*.	要有<u>恆心</u>。
Show *sincerity*.	要有<u>誠心</u>。
Be *charitable*.	要有<u>愛心</u>。
Be *modest*.	要<u>虛心</u>。
Have *devotion*.	要<u>專心</u>。

當你背單字的時候，就要有「雄心」，要「決心」背好，對
自己要有「信心」，一定要有「耐心」和「恆心」，背書時
要「專心」。

背完後，腦中有2,160個句子，那不得了，無限多的排列組
合，可以寫作文。有了單字，翻譯、閱讀測驗、克漏字都難
不倒你。高二的時候，要下定決心，把7000字背熟、背
爛。雖然高中課本以7000字為範圍，編書者為了便宜行事，
往往超出7000字，同學背了少用的單字，反倒忽略真正重要
的單字。千萬記住，背就要背「高中常用7000字」，背完之
後，天不怕、地不怕，任何考試都難不倒你。

2.「時速破百單字快速記憶」書 250元

字尾是 try，重音在倒數第三音節上

entry [3] (ˈɛntrɪ) n. 進入【No entry. 禁止進入。】
country [1] (ˈkʌntrɪ) n. 國家；鄉下【ou 讀 /ʌ/，為例外字】
ministry [4] (ˈmɪnɪstrɪ) n. 部【mini = small】

chemistry [4] (ˈkɛmɪstrɪ) n. 化學
geometry [5] (dʒiˈɑmətrɪ) n. 幾何學【geo 土地，metry 測量】
industry [2] (ˈɪndəstrɪ) n. 工業；勤勉【這個字重音常唸錯】

poetry [1] (ˈpo‧ɪtrɪ) n. 詩
poultry [4] (ˈpoltrɪ) n. 家禽 ⎱字尾 y 表「集合名詞」
pastry [5] (ˈpestrɪ) n. 糕餅

3.「高二英文克漏字測驗」書 180元

4.「高二英文閱讀測驗」書 180元

全部選自各校高二月期考試題精華，英雄所見略同，再出現的機率很高。

5.「7000字學測試題詳解」書 250元

一般模考題為了便宜行事，往往超出7000字範圍，無論做多少份試題，仍然有大量生字，無法進步。唯有鎖定7000字為範圍的試題，才會對準備考試有幫助。每份試題都經「劉毅英文」同學實際考過，效果奇佳。附有詳細解答，單字標明級數，對錯答案都有明確交待，不需要再查字典，做完題目，再看詳解，快樂無比。

6.「高中常用7000字解析【豪華版】」書 390元

按照「大考中心高中英文參考詞彙表」編輯而成。難背的單字有「記憶技巧」、「同義字」及「反義字」，關鍵的單字有「典型考題」。大學入學考試核心單字，以紅色標記。

7.「高中7000字測驗題庫」書 180元

取材自大規模考試，解答詳盡，節省查字典的時間。

編者的話

　　取代「國中基測」，「國中教育會考」自 2014 年開始舉辦，已經五年，作為九年級生進入高中成績評量的重要標準。相較於基測，難度和鑑別度都更高。

　　「學習出版公司」以最迅速的腳步，在一個禮拜內，出版**「107 年國中教育會考各科試題詳解」**，展現出最驚人的效率。本書包含 107 年度「國中會考」各科試題：英語、數學、社會、自然和國文，書後並附有心測中心所公布的各科選擇題答案。

　　另外，在英文科詳解後面，還附上了**英語科試題修正意見**。本書還提供了國中會考**「英語科聽力」**的聽力原文和**詳解**，這是「學習出版公司」在聽力音檔一公布後，立即請外籍編輯聽寫下來的文稿，並附上中文翻譯和解釋，搶先獨家收錄。

　　這本書的完成，要感謝各科名師全力協助解題：

　　　英語 / 蔡琇瑩老師・謝靜芳老師・藍郁婷老師
　　　　　美籍老師　Laura E. Stewart
　　　　　　　　　　Christian Adams
　　　　　　　　　　Stephonie Hesterberg

　　　數學 / 劉　星老師　　　社會 / 劉成霖老師
　　　國文 / 陳　顥老師　　　自然 / 余　天老師

　　本書編校製作過程嚴謹，但仍恐有缺失之處，尚祈各界先進不吝指正。

劉　毅

★ CONTENTS ★

107 年國中教育會考英語科試題

閱讀測驗（第 1-41 題，共 41 題）

第一部分：單題（第 1-15 題，共 15 題）

1. Look at the picture. The girl is _____ the clothes.
   (A) making
   (B) packing
   (C) showing
   (D) washing

2. The _____ is so strong today that my hair keeps blowing in the air.
   (A) rain　　　(B) snow　　　(C) sun　　　(D) wind

3. When the baby cried, Mr. Wu _____ in the kitchen and did not hear it.
   (A) cooked
   (B) was cooking
   (C) has cooked
   (D) is going to cook

4. I don't have any money with me because I _____ my wallet this morning.
   (A) had lost　　(B) would lose　　(C) lost　　(D) was losing

5. You need not only good luck but also hard work to become a _____ baseball player.
   (A) young　　(B) successful　　(C) happy　　(D) friendly

6. The woman who lives next door to Ken is a _____ to him. They have never met and he doesn't even know her name.
   (A) daughter　　(B) friend　　(C) stranger　　(D) teacher

7. With the new bus line, it is much more _____ for Fanny to go to school. It saves her a lot of time now.
   (A) useful   (B) possible
   (C) interesting   (D) convenient

8. Dad : Have you brushed your teeth yet?
   Ann : No, but I _____ before I go to bed.
   (A) haven't   (B) have   (C) won't   (D) will

9. Alice : Do you know _____ Grandma is going to visit us?
   Willy : It's next week. She told me on the phone. And
           we'll take her to the national park.
   (A) where   (B) when   (C) whether   (D) why

10. It took the police lots of time _____ who entered Liu's house and killed her one year ago.
    (A) and found out   (B) find out
    (C) finding out   (D) to find out

11. Many famous people visit this restaurant. Popular singers like A-mei and Jay Chou _____ here with their friends.
    (A) to be often seen   (B) often seen
    (C) are often seen   (D) and are often seen

12. The factory has been throwing trash into the river for years. Now _____ must be taken to stop this.
    (A) action   (B) chances   (C) exercise   (D) notes

13. The beach party tonight _____ the end of our summer vacation. Tomorrow we are all going back home and get ready for school.
    (A) changes   (B) marks   (C) passes   (D) saves

14. Anyone who reads Loren's business plan will quickly see some serious problems in it, or _____ feel something is not right.

    (A) at least   (B) even   (C) in fact   (D) still

15. I've wanted to read *The Diary of a Young Girl* for months, _____ today I finally borrowed the book from the library.

    (A) and   (B) since   (C) so   (D) until

第二部分：題組（第 16-41 題，共 26 題）

（16-18）

Robert likes to take a walk in the park after work. One day when he was walking in the park, he heard a woman calling his name. He stopped to look around, but didn't see anything ___16___. Shortly after Robert saw it, it was gone.

Though Robert felt a little strange, he did not think about it too much and sat down for a rest on a bench in the park. Then he noticed the snake he had just seen ___17___. Robert was too afraid to move away from the bench. Right at this moment, a woman behind him shouted, "Come here, Robert. You can't stay on the bench like that. ___18___."

In surprise, Robert turned around and said to the woman, "Excuse me, but that's not a very nice thing to say, and in fact some people say I'm handsome."

"I'm not talking to you," said the woman. "I'm telling Robert, my pet snake, to get down from the bench, not you."

16. (A) like a snake   (B) that could move
   (C) except a little snake   (D) that could make noise

17. (A) climbing up the bench   (B) running after a woman
   (C) stopping beside his feet   (D) falling down from a tree

18. (A) The bench is broken
   (B) The seat has been taken
   (C) People will be scared by you
   (D) The paint of the bench is still wet

（19-21）

If you cannot live without your car, Zurich might be the last city you would like to visit. In Zurich, people are welcome, but cars are not! Over the past 20 years, this city has used smart ways __19__. One is to keep the same total number of parking spaces. For example, if 50 new parking spaces are built in one part of the city, then 50 old spaces in other parts are taken away for other uses. So the total number does not change. Some are unhappy that there are never enough spaces. That is just what the city has in mind: If people find parking more difficult, they will drive less.

__20__, the total number of cars in the city is counted. Over 3,500 little computers are put under Zurich roads to check the number of cars that enter the city. If the number is higher than the city can deal with, the traffic lights on the roads that enter the city will be kept red. So drivers who are traveling into Zurich have to stop and wait until there are fewer cars in the city. Now, you may wonder ___21___. The answer is simple: The city wants to make more space for its people.

19. (A) to make traffic lighter
    (B) to invite people to visit
    (C) to make itself a famous city
    (D) to build more parking spaces

20. (A) This way
    (B) However
    (C) For example
    (D) Also

21. (A) why Zurich is doing this
    (B) what all this has cost Zurich
    (C) if Zurich should try other ways
    (D) if Zurich can deal with angry drivers

（22-24）

Edward's Travel Tips

....

What kind of place do you usually choose to stay for the night during a trip? Expensive hotels that may make you feel like you don't get what you pay for? Or cheap hostels that put you and five other strangers in the same bedroom? If both choices sound terrible to you, here's something new: holiday apartments.

In a holiday apartment, you have more space than what a hotel room can give you. Everything in the apartment is <u>at your disposal</u>. The living room, the kitchen, the study, and, of course, the bedrooms are all for your own use. Some apartments even have a lovely garden or a game room. You'll feel at home in the holiday apartment. The best thing is, a holiday apartment is not expensive. The price for a holiday apartment is for two people, and the apartment is often cheaper than a hotel room for two. You only need to pay a little more for a third or fourth person. If you travel with friends or your family, a holiday apartment will be your best choice!

📖 hostel（提供廉價食宿的）旅舍

22. What is the reading mostly about?
    (A) Where to find a nice holiday apartment.
    (B) How to choose a nice holiday apartment.
    (C) Why one should choose a holiday apartment.
    (D) How one can change their house into a holiday apartment.

23. From the reading, what can we learn about holiday apartments?
    (A) They are good for people who like to take one-day trips.
    (B) They are good for people who travel in a group of three or more.
    (C) They are good for people who want to make new friends when traveling.
    (D) They are good for people who like to spend their holidays in the country.

24. What does it mean to say that something is at your disposal?
    (A) You are free to use it.
    (B) You can find it everywhere.
    (C) You know everything about it.
    (D) You can buy it at a lower price.

（25-26）

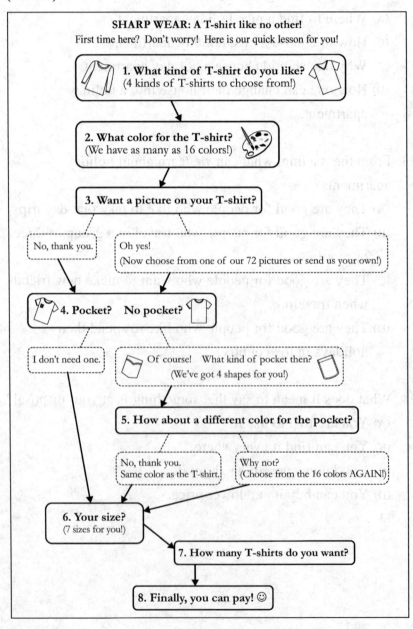

25. What is the quick lesson of **SHARP WEAR** about?
    (A) How to get to one of **SHARP WEAR**'s stores.
    (B) How to send back a T-shirt to **SHARP WEAR**.
    (C) How to shop for a T-shirt from **SHARP WEAR**.
    (D) How to take care of a T-shirt from **SHARP WEAR**.

26. What can we learn about **SHARP WEAR**?
    (A) You have to order at least four T-shirts each time.
    (B) You can choose from sixteen colors for both the T-shirt and the pocket.
    (C) Some of the T-shirts have pictures on both the front side and the back side.
    (D) T-shirts in the wrong sizes cannot be sent back if they have pictures or pockets on them.

(27-28)

The sky is turning bright and clear.
The earth is wearing red and green.
Winter is gone; spring has come.
The air smells fresh and sweet.

The summer heat is not yet here;
A little fox comes out to play.
A bird is busy in a tree
Waking a <u>daisy</u> from her sleep.

Little daisy, little daisy,

People call the flower the "day's eye."

When she opens her eye,

The springtime brings us cheer.

27. Which season is this poem about?　　　📖 poem 詩
    (A) Spring.　　　　　　　　(B) Summer.
    (C) Autumn　　　　　　　　(D) Winter.

28. What is a <u>daisy</u>?
    (A) A body part.　　　　　　(B) A kind of bird.
    (C) A kind of flower.　　　　(D) A kind of smell.

(29-31)

When we get wet, we need a towel to get ourselves dry. When a dog gets wet, all it needs is to shake its body. A study in 2010 showed that a wet dog can throw off half the water on its body by  shaking for less than a second. In fact, this common act of dogs works better than a washing machine.

The study found that animal shaking begins with the head and ends with the tail. During a shake, the animal's head, body and skin all move. Smaller animals must shake faster than bigger animals to get water off. For example, in one second, a rat can shake 18 times, a dog 6 times, and a bear 4 times. Bigger animals can get their bodies dry with fewer shakes.

For animals, shaking is not just about getting themselves dry. It is also about saving their lives. Being wet makes animals heavier, and that makes it harder to run. In the animal world, how fast an animal can run often decides whether it will live or not. Maybe that's why the "wet-dog shake" has become a common habit of many animals.

📖 skin 皮膚

29. What does the reading say about shaking?
 (A) Different animals' shaking begins with different body parts.
 (B) Shaking is a way that animals use to make other animals scared.
 (C) Animals that are not kept as pets do the shaking better than those that are.
 (D) Shaking themselves dry may help animals run faster in dangerous moments.

30. What can we learn from the reading?
 (A) The animal's tail can help it run more quickly and easily.
 (B) Some animals shake more than they need to get water off.
 (C) The idea of washing machines came from the shaking of dogs.
 (D) Larger animals get themselves drier at each shake than smaller animals.

31. The four pictures below show how fast tigers, cats and mice can shake. From the reading, which picture is most likely correct?

📖 likely 可能

(A)

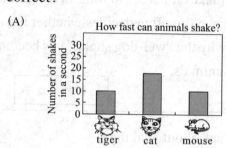

(B)

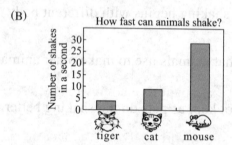

(C)

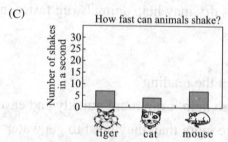

(D)

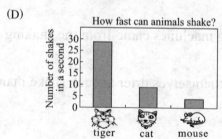

(32-34)

Josh : Do you know about "pay it forward coffee" at Flora Café?

Eric : You mean you pay for a cup of coffee for someone poor to have it later?

Josh : Yeah. A cup of coffee is not much, but on cold winter days like today, it might warm them up a little. And maybe their hearts too.

Eric : But will Flora Café really give this cup of coffee to someone later?

Josh : Come on. I've known the shopkeeper well. He's an honest man. He's got a blackboard in the shop that says how many cups are paid for and how many have been given out.

Eric : But how will they know who to give? Anyone can ask for it, even if they're not poor.

Josh : True, but then I guess they'll just have to believe in people.

Eric : Perhaps. But will poor people go and ask for a free coffee? Won't they worry about losing face?

Josh : Why do you always say <u>things like that</u>?

Eric : Well, it may happen.

Josh : Yeah, I know, but I still think it's a good thing to do, and it gets people to care about others.

32. What does <u>things like that</u> mean?

  (A) Problems about the free coffee plan.

  (B) Trouble for people who go to Flora Café.

  (C) Ways to make the free coffee plan successful.

  (D) Good things free coffee will bring to Flora Café.

33. What can we learn about Josh and Eric?

  (A) Josh was not able to change Eric's mind about free coffee.

  (B) Eric has more hope for the free coffee plan than Josh does.

  (C) They found a way to make people feel OK to take free coffee.

  (D) They do not know whether Flora Café will do business honestly.

34. What do we know about Flora Café from the dialogue?

  (A) It has a way to know who really is poor.

  (B) Free coffee has brought it more business.

  (C) People pay less for free coffee than other coffee.

  (D) Its blackboard shows if there are free coffees to be taken.

(35-37)

Jim Webb Oct. 16, 1987

Over the years, the number of whales has dropped sharply. From 1946 to 1986, about 340,000 whales were killed. People worry that children in the future can only see whales in pictures. They believe all kinds of whaling (whale hunting) should be stopped before it's too late.

Some people are trying to stop whaling all over the world. But they fail to notice one fact: Whaling was going on for a long time before the number of whales went down and became a problem.

Whaling started as early as 1,500 years ago. This was how tribespeople fed their families. They hunted whales for meat because almost nothing could grow on their land. They also made whale fat into oil and used it to make candles or oil lamps. Over the years, whaling became their way of living, and even part of who they are.

Tribe whaling is not the thing we should worry about. Of all the whales that were killed over the past forty years, only 10% were hunted by tribespeople. The other 90% died at the hands of the money-making whaling business. When we try to stop all kinds of whaling, we should think what we are asking tribespeople to give up and whether this is the best answer to the problem of whaling.

📖 tribe 部落   fat 脂肪

35. Below are the writer's points in the reading:

    a. Whether we should stop tribespeople whaling

    b. The problem of whaling

    c. Whaling as a way of life

    In what order does the writer talk about his points?

    (A) a → c → b.

    (B) b → c → a.

    (C) c → a → b.

    (D) c → b → a.

    📖 order 順序

36. Which idea may the writer agree with?

    (A) We should stop all kinds of whale hunting.

    (B) We should not worry about the number of whales.

    (C) Tribespeople's way of living is as important as animal lives.

    (D) Working with the whaling business can make tribespeople's lives better.

37. What can we learn from the reading?

    (A) Tribespeople believe whales bring good luck.

    (B) Tribespeople become rich by selling whale oil.

    (C) Whaling was not a problem until 1,500 years ago.

    (D) Whaling helped tribespeople's lives in different ways.

(38-41)

N B N NEWS

Ryan Kim 7/15/2013

Guesses about Carolyn Cole have been flying around since last week, and now things have taken <u>a new turn</u>.

Last week Carolyn Cole won the Inscriber Prize, the country's biggest book prize, with her book *Paper Soldier*. Cole herself did not show up for the prize. It was not only the first time in history that a first-time writer won the prize, but also the first time that the winner did not appear.

Now here comes another "first time" for the Inscriber: Cole is not real. "She" is in fact Thomas Goode. Goode is known for his picture books. His best-known book, *Blue Moon*, won him two national book prizes and sold over one million copies.

Goode had tried to write "serious" books before. His first try was *Parent*, which came out in 2006. Sadly, Goode's big name did not help, and there was little interest in *Parent*. Goode's friend told NBN that he wanted to write a book under a different name. Goode thought that people might treat his book seriously if they did not know it was from a picture book writer.

For the moment, there has been no word from Goode yet.

38. From the news story, which fact is seen as <u>a new turn</u>?

    (A) Carolyn Cole is a first-time writer.

    (B) Carolyn Cole won the Inscriber Prize.

    (C) Carolyn Cole is not the winner's real name.

    (D) Carolyn Cole did not appear for the Inscriber Prize.

39. Which is most likely true about the Inscriber Prize?

    (A) It was started by NBN News.

    (B) It is a new prize for picture books.

    📖 likely 可能

    (C) It is a prize only for first-time writers.

    (D) It is treated seriously by writers in the country.

40. What can we learn about Thomas Goode?

    (A) He has won the Inscriber Prize twice.

    (B) He told NBN that *Paper Solider* was his work.

    (C) He wants to be more than just a picture book writer.

    (D) His life as a picture book writer has not been successful.

41. What do we know about Thomas Goode's books?

    (A) The sales of *Parent* were bad.

    (B) *Paper Soldier* is his best-selling book.

    (C) His first picture book came out in 2006.

    (D) *Blue Moon* was written under a different name.

聽力測驗（第 1-21 題，共 21 題）

第一部分：辨識句意（第 1-3 題）

作答說明：每題均有三張圖片，請依據所聽到的句子，選出符合描述的圖片，每題播放兩次。

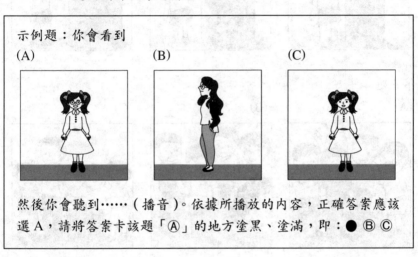

示例題：你會看到
(A)　　　　　　　(B)　　　　　　　(C)

然後你會聽到……（播音）。依據所播放的內容，正確答案應該選 A，請將答案卡該題「Ⓐ」的地方塗黑、塗滿，即：● Ⓑ Ⓒ

第 1 題
(A)　　　　　　　(B)　　　　　　　(C)

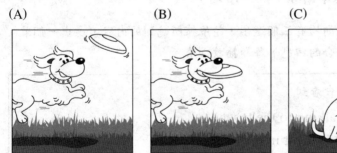

第 2 題

(A) (B) (C)

第 3 題

(A) (B) (C)

第二部分：基本問答（第 4-10 題）

作答說明： 每題均有三個選項，請依據所聽到的內容，選出一個最適合的回應，每題播放兩次。

示例題：你會看到

(A) She is talking to the teacher.
(B) She is a student in my class.
(C) She is wearing a beautiful dress.

然後你會聽到……（播音）。依據所播放的內容，正確答案應該選 B，請將答案卡該題「Ⓑ」的地方塗黑、塗滿，即：Ⓐ ● Ⓒ

第 4 題

(A) Oh, sorry.

(B) Don't worry.

(C) Take a seat, please.

第 5 題

(A) It's near my office.

(B) A lot of people go there.

(C) About four or five times a week.

第 6 題

(A) There's one down the street.

(B) I often shop at the one near my office.

(C) A new supermarket will open next week.

第 7 題

(A) When will it start?

(B) Do we need a new TV?

(C) What do you want to watch?

第 8 題

(A) Sure, I can talk now.

(B) All right, it's 2033-6985.

(C) No, I don't have your number.

第 9 題

(A) I think it belongs to Tom.

(B) It was still here last week.

(C) The sofa is Tom's favorite.

第 10 題

(A) I also need it, I'm afraid.

(B) Sure, it's my favorite show.

(C) Sorry, but I'm a little busy now.

第三部分：言談理解（第 11-21 題）

作答說明：每題均有三個選項，請依據所聽到的對話或短文內容，
　　　　　選出一個最適合的答案，每題播放兩次。

示例題：你會看到

(A) 9:50.　　(B) 10:00.　　(C) 10:10.

然後你會聽到……（播音）。依據所播放的內容，正確答案應該
選 B，請將答案卡該題「Ⓑ」的地方塗黑、塗滿，即：Ⓐ ● Ⓒ

第 11 題

(A) A police officer.

(B) A shop clerk.

(C) A secretary.

第 12 題

(A) In a clothes store.

(B) In the bathroom.

(C) In the hospital.

第 13 題

(A) He cooked the spaghetti for too long.

(B) He put too much salt in the spaghetti.

(C) He used sugar in cooking the spaghetti.

第 14 題

(A) A beach.

(B) A gym.

(C) A toy store.

第 15 題

(A) Noodle soup.

(B) Pizza.

(C) Steak.

第 16 題
(A) Bags.
(B) Gift cards.
(C) Apples.

第 17 題
(A) Buy video games.
(B) Play a baseball game.
(C) See the dentist.

第 18 題
(A) Change to a faster train.
(B) Get off at the next stop.
(C) Stay on the train.

第 19 題
(A) He didn't know someone moved in.
(B) Lots of ghost movies were made there.
(C) Ghosts often appear in Ghost Month.

第 20 題
(A)   (B)   (C)

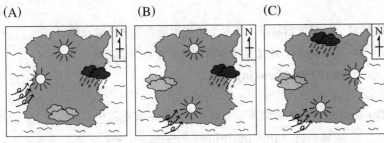

第 21 題
(A) Invite his grandma to come for Christmas.
(B) Practice speaking Chinese with his grandma.
(C) Write to his grandma in English.

107年國中教育會考英文科試題詳解

閱讀測驗（第 1-41 題，共 41 題）

第一部分：單題（第 1-15 題，共 15 題）

1.（**B**）看看這張圖片。這個女孩正在把衣服<u>裝箱</u>。

    (A) make〔mek〕v. 製作
    (B) **pack**〔pæk〕v. 打包；裝（箱）
    (C) show〔ʃo〕v. 顯示；展示
    (D) wash〔waʃ〕v. 洗
    * clothes〔kloz〕n. pl. 衣服

2.（**D**）今天風太大了，我的頭髮一直在風中<u>飄</u>。

    (A) rain〔ren〕n. 雨   (B) snow〔sno〕n. 雪
    (C) sun〔sʌn〕n. 太陽   (D) **wind**〔wɪnd〕n. 風

    * **so…that** 如此…以致於   strong〔strɔŋ〕adj.（風）強烈的
    keep V-ing 一直…   blow〔blo〕v. 吹動；飄揚
    air〔ɛr〕n. 空氣   **in the air** 在空中

3.（**B**）當小寶寶哭的時候，吳先生正在廚房<u>煮飯</u>，所以沒聽見。

    表示過去某時正在進行的動作，要用「過去進行式」，故
    選 (B) **was cooking**。

4.（**C**）我現在身上沒有錢，因為今天早上我的皮夾<u>遺失</u>了。

    由時間副詞 this morning「今天早上」可知，皮夾「遺失」
    應為「過去式」，故選 (C) **lost**。   lose〔luz〕v. 遺失
    * wallet〔'walɪt〕n. 皮夾

5.（**B**）要成為一位<u>成功的</u>棒球球員，你需要的不只是好運，還有努力。

(A) young〔jʌŋ〕*adj.* 年輕的

(B) ***successful***〔sək'sɛsfəl〕*adj.* 成功的

(C) happy〔'hæpɪ〕*adj.* 快樂的

(D) friendly〔'frɛndlɪ〕*adj.* 友善的

* ***not only A but also B*** 不僅 A，而且 B

luck〔lʌk〕*n.* 運氣　　baseball〔'bes,bɔl〕*n.* 棒球

player〔'pleɚ〕*n.* 球員

6. (**C**) 那位住在肯隔壁的女士，對他來說是個<u>陌生人</u>。他們從來沒見

過，而且他甚至不知道她的名字。

(A) daughter〔'dɔtɚ〕*n.* 女兒

(B) friend〔frɛnd〕*n.* 朋友

(C) ***stranger***〔'strendʒɚ〕*n.* 陌生人

(D) teacher〔'titʃɚ〕*n.* 老師

* ***next door to*** 在…隔壁　　meet〔mit〕*v.* 遇見

7. (**D**) 有了新的公車路線，對芬妮來說上學更<u>方便</u>。這現在為她節省了

很多時間。

(A) useful〔'jusfəl〕*adj.* 有用的

(B) possible〔'pɑsəbl̩〕*adj.* 可能的

(C) interesting〔'ɪntrɪstɪŋ〕*adj.* 有趣的

(D) ***convenient***〔kən'vinjənt〕*adj.* 方便的

* line〔laɪn〕*n.* 路線　　save〔sev〕*v.* 節省

8. (**D**) 爸爸：妳刷牙了嗎？

安　：還沒，但我<u>會</u>在上床睡覺前刷。

依句意為未來式，故選 (D) ***will***。

* brush〔brʌʃ〕*v.* 刷

teeth〔tiθ〕*n. pl.* 牙齒【單數是 tooth〔tuθ〕】

yet〔jɛt〕*adv.*【用於疑問句】已經

9. (**B**)　艾莉絲：你知道奶奶<u>何時</u>要來拜訪我們嗎？

　　　　威　利：下禮拜。她在電話裡告訴我的。而且我們會帶她去國家
　　　　　　　　公園。

　　　　依句意，選 (B) *when*「何時」。

　　　　* visit〔ˋvɪzɪt〕*v.* 拜訪　　*national park* 國家公園

10. (**D**)　警方花了很多時間，才<u>查出</u>一年前是誰進入劉的房子，並殺害
她。

　　　　「It takes *sb.* + 時間 + to V.」表示某事花了某人多少時間，
故選 (D) *to find out*。　　*find out* 查出

　　　　* *the police* 警方　　enter〔ˋɛntɚ〕*v.* 進入
　　　　　kill〔kɪl〕*v.* 殺死

11. (**C**)　許多名人造訪這間餐廳。流行音樂歌手，像是阿妹和周杰倫，<u>常
被看到</u>和他們的朋友在這裡。

　　　　空格應填動詞，故 (A)(D) 不合，依句意為現在式的被動語態，
選 (C) *are often seen*。

　　　　* famous〔ˋfeməs〕*adj.* 有名的
　　　　restaurant〔ˋrɛstərənt〕*n.* 餐廳
　　　　popular〔ˋpɑpjəlɚ〕*adj.* 受歡迎的；流行的
　　　　singer〔ˋsɪŋɚ〕*n.* 歌手　　*popular singer* 流行歌手
　　　　like〔laɪk〕*prep.* 像是

12. (**A**)　這家工廠多年來一直將垃圾丟入河裡。現在必須採取<u>行動</u>阻止這
件事。

　　　　(A) *action*〔ˋækʃən〕*n.* 行動　　*take action* 採取行動
　　　　(B) chance〔tʃæns〕*n.* 機會　　take a chance 碰運氣
　　　　(C) exercise〔ˋɛksɚˏsaɪz〕*n.* 運動
　　　　　take exercise 做運動
　　　　(D) note〔not〕*n.* 筆記　　take notes 作筆記

* factory〔'fæktərɪ〕 *n.* 工廠　　throw〔θro〕 *v.* 丟
　trash〔træʃ〕 *n.* 垃圾　　stop〔stɑp〕 *v.* 阻止

13. (**B**) 今晚的海灘派對<u>表示</u>我們的暑假結束了。明天我們全都要回家，
　　　　準備去上學。

　　　　　(A) change〔tʃendʒ〕 *v.* 改變
　　　　　(B) ***mark***〔mɑrk〕 *v.* 表示；做記號
　　　　　(C) pass〔pæs〕 *v.* 通過
　　　　　(D) save〔sev〕 *v.* 節省

　　　　　* beach〔bitʃ〕 *n.* 海灘　　end〔ɛnd〕 *n.* 結束
　　　　　　vacation〔ve'keʃən〕 *n.* 假期　　***summer vacation*** 暑假
　　　　　　ready〔'rɛdɪ〕 *adj.* 準備好的

14. (**A**) 凡是看過羅倫的商業計劃書的人，很快就會看出裡面有一些嚴重
　　　　的問題，或<u>至少</u>會覺得有地方不對勁。

　　　　　(A) ***at least*** 至少
　　　　　(B) even〔'ivən〕 *adv.* 甚至
　　　　　(C) in fact 事實上
　　　　　(D) still〔stɪl〕 *adv.* 仍然

　　　　　* ***anyone who*** 凡是…的人　　Loren〔'lɔrən〕 *n.* 羅倫
　　　　　　business〔'bɪznɪs〕 *n.* 商業　　plan〔plæn〕 *n.* 計劃
　　　　　　business plan 商業計劃書　　quickly〔'kwɪklɪ〕 *adv.* 很快地
　　　　　　serious〔'sɪrɪəs〕 *adj.* 嚴重的
　　　　　　problem〔'prɑbləm〕 *n.* 問題
　　　　　　right〔raɪt〕 *adj.* 正確的；妥善的

15. (**A**) 好幾個月一來，我一直都想看《一個年輕女孩的日記》，<u>而</u>今天
　　　　我終於向圖書館借了那本書。

　　　　　依句意，選 (A) ***and***「而且；然後」，表「結果」。
　　　　　而 (C) so「所以」，(B) since「自從」，(D) until「直到」，
　　　　　則不合句意。

第二部分：題組（第 16-41 題，共 26 題）

（16-18）

羅伯特下班後喜歡到公園去散步。有一天，當他在公園裡散步時，他聽到一位女士在叫他的名字。他停下來，四處張望，但是<u>除了一條小蛇之外</u>，什麼也沒看見。羅伯特看見牠之後不久，牠就消
　　　　　16
失了。

　　雖然羅伯特覺得有點奇怪，但他沒有想太多，就在公園的一個長椅上坐下來休息。然後，他注意到剛剛看到的那條蛇<u>爬上長椅</u>。
　　　　　　　　　　　　　　　　　　　　　　　　　　　　　17
羅伯特太害怕了，無法離開長椅。就在此時，在他後面的一位女士大叫：「過來，羅伯特。你不能那樣待在長椅上。<u>別人會被你嚇到的</u>。」
　　　　　　　　　　　　　　　　　　　　　　　　　　　　　18

　　羅伯特很驚訝，轉身對那位女士說：「對不起，但是你那樣說不太好，事實上有些人說我很帥。」

　　「我不是在和你說話，」那位女士說道。「我是在叫我的寵物蛇羅伯特從長椅上下來，不是你。」

【註釋】

take a walk 散步	*after work* 下班後
look around 到處張望	shortly〔ˋʃɔrtlɪ〕*adv.* 不久
gone〔gɔn〕*adj.* 離去的	*a little* 有點
strange〔strendʒ〕*adj.* 奇怪的	rest〔rɛst〕*n.* 休息
bench〔bɛntʃ〕*n.* 長椅	notice〔ˋnotɪs〕*v.* 注意到
too~to V. 太~以致於不…	*away from* 遠離
right〔raɪt〕*adv.* 就在	moment〔ˋmomənt〕*n.* 時刻
behind〔bɪˋhaɪnd〕*prep.* 在~後面	shout〔ʃaʊt〕*v.* 大叫
stay〔ste〕*v.* 停留	*in surprise* 驚訝地

turn around 轉身　　nice〔naɪs〕*adj.* 好的
handsome〔'hænsəm〕*adj.* 英俊的
pet〔pɛt〕*n.* 寵物　*adj.*（作）寵物的

16.（ **C** ）(A) 像一條蛇
　　　　　(B) 可以移動
　　　　　(C) 除了一條小蛇之外
　　　　　(D) 可以發出聲響
　　　　　* like〔laɪk〕*prep.* 像　　snake〔snek〕*n.* 蛇
　　　　　　 move〔muv〕*v.* 移動　　except〔ɪk'sɛpt〕*prep.* 除了～之外
　　　　　　 make〔mek〕*v.* 發出　　noise〔nɔɪs〕*n.* 噪音；聲音；聲響

17.（ **A** ）(A) 爬上長椅
　　　　　(B) 在追一位女士
　　　　　(C) 停在他的腳邊
　　　　　(D) 從樹上掉下來
　　　　　* climb〔klaɪm〕*v.* 爬　　***run after*** 在～後面跑；追
　　　　　　 beside〔bɪ'saɪd〕*prep.* 在～旁邊

18.（ **C** ）(A) 長椅壞了
　　　　　(B) 這個座位有人坐了
　　　　　(C) 別人會被你嚇到的
　　　　　(D) 長椅上的油漆還沒乾
　　　　　* broken〔'brokən〕*adj.* 壞掉的　　seat〔sit〕*n.* 座位
　　　　　　 take a seat 坐下；就座　　scare〔skɛr〕*v.* 驚嚇；使害怕
　　　　　　 paint〔pent〕*n.* 油漆　　still〔stɪl〕*adv.* 仍然
　　　　　　 wet〔wɛt〕*adj.*（油漆）未乾的

（19-21）

　　　如果你沒有車就活不下去，那麼蘇黎世可能是你最不想去的城市。蘇黎世歡迎人們的到來，但是不歡迎汽車！過去二十年來，這個城市已經運用許多聰明的方法，<u>來使交通流量減少</u>。一個是維持一
19
樣總數的停車位。例如，如果城市的某處建造 50 個新的停車位，那麼在其他地方的 50 個舊車位，就會被移去做其他用途。所以總數並沒有改變。有些人對於從來沒有足夠的車位感到不開心。這正是這座城市的想法：如果人們發現停車更困難，就會較少開車。

　　　<u>而且</u>，在城市裡的汽車總數量也是被算好的。超過 3,500 台小電
20
腦被設置在蘇黎世道路的下方，來確認進入城市的汽車數量。如果數量高過城市能夠負荷，進城道路上的紅綠燈，就會維持紅燈。所以要進入蘇黎世的駕駛人必須停下來，等到城內的汽車變少為止。現在，你可能會好奇<u>為什麼蘇黎世要這麼做</u>。答案很簡單：這座城
21
市想要為市民提供更多的空間。

【註釋】

cannot live without 不能沒有　　Zurich〔'zʊrɪk〕*n.* 蘇黎世
last〔læst〕*adj.* 最不可能的　　visit〔'vɪzɪt〕*v.* 拜訪；去
welcome〔'wɛlkʌm〕*adj.* 受歡迎的　　past〔pæst〕*adj.* 過去的
smart〔smɑrt〕*adj.* 聰明的　　way〔we〕*n.* 方法
same〔sem〕*adj.* 同樣的　　total〔'totl̩〕*adj.* 總的；全部的
number〔'nʌmbɚ〕*n.* 數目
space〔spes〕*n.* 空間；（有特定用途的）場所
parking space 停車位　　　***for example*** 例如

build〔bɪld〕v. 建造　　***take away*** 刪除；移除
use〔jus〕n. 用途　　unhappy〔ʌn'hæpɪ〕adj. 不高興的
enough〔ə'nʌf〕adj. 足夠的　　mind〔maɪnd〕n. 頭腦；想法
find〔faɪnd〕v. 發現；覺得　　difficult〔'dɪfə͵kəlt〕adj. 困難的
count〔kaʊnt〕v. 計算　　computer〔kəm'pjutɚ〕n. 電腦
road〔rod〕n. 道路　　check〔tʃɛk〕v. 檢查；核對
deal with 應付；處理　　***traffic light*** 紅綠燈
keep〔kip〕v. 使保持（某種狀態）　　driver〔'draɪvɚ〕n. 駕駛人
travel〔'trævḷ〕v. 行進；前進　　wonder〔'wʌndɚ〕v. 想知道
answer〔'ænsɚ〕n. 答案　　simple〔'sɪmpḷ〕adj. 簡單的
make〔mek〕v. 製造

19. (**A**)　(A) 使交通流量減少
　　　　　　(B) 邀請人們來拜訪
　　　　　　(C) 讓自己變成一座有名的城市
　　　　　　(D) 建造更多的停車位

　　　　* traffic〔'træfɪk〕n. 交通；交通流量
　　　　　light〔laɪt〕adj. 少量的；不多的（↔ heavy adj. 大量的）
　　　　　invite〔ɪn'vaɪt〕v. 邀請

20. (**D**)　(A) 如此一來　　　　　(B) 然而
　　　　　　(C) 例如　　　　　　(D) 而且

21. (**A**)　(A) 為什麼蘇黎世要這麼做
　　　　　　(B) 這一切讓蘇黎世付出的代價
　　　　　　(C) 蘇黎世是否該嘗試其他的方法
　　　　　　(D) 蘇黎世是否能應付憤怒的駕駛人

　　　　* cost〔kɔst〕v. 使花費；使付出；使喪失
　　　　　try〔traɪ〕v. 嘗試　　other〔'ʌðɚ〕adj. 其他的
　　　　　angry〔'æŋgrɪ〕adj. 生氣的；憤怒的

（22-24）

愛德華的旅行祕訣

　　旅行時你通常會選擇什麼樣的住處過夜？可能會使你覺得不物有所值的昂貴飯店？或是會把你和其他五個陌生人放在同一個臥室的便宜的青年旅館？如果對你而言，這兩個選擇聽起來都很糟，這裡有新的選擇：渡假公寓。

　　在渡假公寓裡，你會有比旅館能給的，還要大的空間。公寓裡的一切都<u>隨你自由處置</u>。客廳、廚房、書房，當然還有臥室，全都供你使用。有些公寓甚至會有可愛的花園或遊戲室。在渡假公寓你會覺得很自在。最好的是，渡假公寓並不貴。渡假公寓的價格是以兩人計，而且通常比飯店的雙人房便宜。如果有第三或第四人入住，你只需要多付一點錢。如果你是和朋友或家人一起旅行，渡假公寓會是你最好的選擇！

【註釋】

travel〔'trævl〕 *n.* 旅行　　tip〔tɪp〕 *n.* 祕訣；訣竅
kind〔kaɪnd〕 *n.* 種類　　place〔ples〕 *n.* 住處
usually〔'juʒʊəlɪ〕 *adv.* 通常　　choose〔tʃuz〕 *v.* 選擇
stay〔ste〕 *v.* 暫住　　*stay for the night* 過夜
during〔'djʊrɪŋ〕 *prep.* 在…期間　　trip〔trɪp〕 *n.* 旅行
expensive〔ɪk'spɛnsɪv〕 *adj.* 昂貴的　　hotel〔ho'tɛl〕 *n.* 旅館
pay for 支付　　cheap〔tʃip〕 *adj.* 便宜的
hostel〔'hɑstl〕 *n.* 青年旅館（= *youth hostel*）
put〔pʊt〕 *v.* 把…放在　　stranger〔'strendʒɚ〕 *n.* 陌生人
same〔sem〕 *adj.* 相同的；同一的　　bedroom〔'bɛd,rum〕 *n.* 臥室
choice〔tʃɔɪs〕 *n.* 選擇　　sound〔saʊnd〕 *v.* 聽起來
terrible〔'tɛrəbl〕 *adj.* 很糟的　　holiday〔'hɑlə,de〕 *n.* 假期
apartment〔ə'partmənt〕 *n.* 公寓　　space〔spes〕 *n.* 空間

disposal〔dɪ'spozḷ〕*n.* 處置　　***at one's disposal*** 隨某人自由處置
living room 客廳　　study〔'stʌdɪ〕*n.* 書房　　use〔jus〕*n.* 使用
lovely〔'lʌvlɪ〕*adj.* 可愛的　　garden〔'gɑrdṇ〕*n.* 花園
game〔gem〕*n.* 遊戲　　***feel at home*** 覺得自在
price〔praɪs〕*n.* 價格　　pay〔pe〕*v.* 支付
third〔θɝd〕*adj.* 第三個的　　fourth〔forθ〕*adj.* 第四個的

22.(**C**) 本文主要是關於什麼？
(A) 去哪裡找一間好的渡假公寓。
(B) 如何選擇一間好的渡假公寓。
(C) <u>爲什麼應該選擇渡假公寓。</u>
(D) 要如何把自己的房子改成渡假公寓。

* reading〔'ridɪŋ〕*n.* 讀物；文章
mostly〔'mostlɪ〕*adv.* 大多；主要
change〔tʃendʒ〕*v.* 改變　　***change A into B*** 把 A 改成 B

23.(**B**) 從本文我們可以得知關於渡假公寓的什麼事？
(A) 它們很適合想去一日遊的人。
(B) <u>它們很適合三人以上團體旅遊的人。</u>
(C) 它們很適合想在旅行時結交新朋友的人。
(D) 它們很適合想在鄉下渡假的人。

* learn〔lɝn〕*v.* 得知　　good〔gʊd〕*adj.* 適合的
take a one-day trip 去一日遊
group〔grup〕*n.* 群體；團體　　***in a group*** 成群地
make friends 交朋友　　spend〔spɛnd〕*v.* 度過
country〔'kʌntrɪ〕*n.* 鄉下

24.(**A**) 說某物「隨你自由處置」，是什麼意思？
(A) <u>你可以自由地使用它。</u>　　(B) 你可以在任何地方找到它。
(C) 你對它的一切十分了解。
(D) 你可以用較低的價格買到它。

* mean〔min〕*v.* 意思是　　free〔fri〕*adj.* 自由的
at a ~ price 以~價格　　low〔lo〕*adj.* 低的

（25-26）

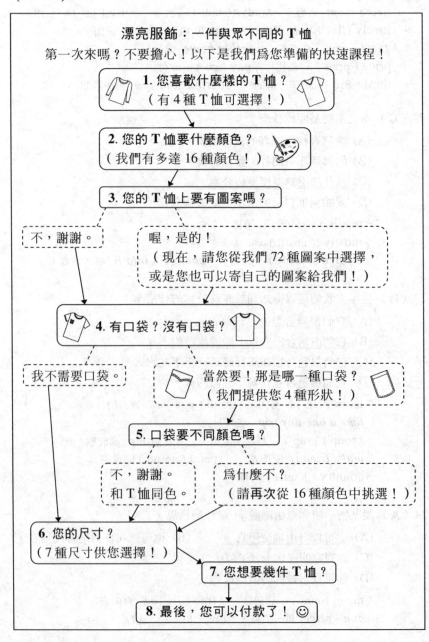

【註釋】

sharp〔ʃɑrp〕*adj.* 聰明的；漂亮的　　wear〔wɛr〕*n.* 服裝
T-shirt〔'ti,ʃɜt〕*n.* T恤　　*like no other* 與眾不同
quick〔kwɪk〕*adj.* 快速的　　choose〔tʃuz〕*v.* 選擇
color〔'kʌlɚ〕*n.* 顏色　　*as many as* 多達
send〔sɛnd〕*v.* 寄　　*your own* 你自己的
pocket〔'pakɪt〕*n.* 口袋　　*of course* 當然
then〔ðɛn〕*adv.* 那麼　　*we've got* 我們有（= *we have*）
shape〔ʃep〕*n.* 形狀　　*how about* ⋯如何
again〔ə'gɛn〕*adv.* 再一次　　size〔saɪz〕*n.* 尺寸
finally〔'faɪnl̩ɪ〕*adv.* 最後；終於　　pay〔pe〕*v.* 付錢

25.（**C**）「漂亮服飾」的快速課程是有關什麼的？
　　(A) 如何到達「漂亮服飾」的任何一家門市。
　　(B) 如何把 T 恤寄回到「漂亮服飾」。
　　(C) 如何購買「漂亮服飾」的 T 恤。
　　(D) 如何照顧向「漂亮服飾」購買的 T 恤。
　　* *get to* 到達　　store〔stor〕*n.* 商店
　　　shop for 購買　　*take care of* 照顧

26.（**B**）關於「漂亮服飾」，我們可以得知什麼？
　　(A) 你每次必須訂購至少四件 T 恤。
　　(B) 你的 T 恤和口袋有 16 種顏色可選擇。
　　(C) 有些 T 恤正面和背面都有圖案。
　　(D) 尺寸錯誤的 T 恤上面如果有圖案和口袋就不能寄回。
　　* order〔'ɔrdɚ〕*v.* 訂購　　*at least* 至少
　　　front〔frʌnt〕*adj.* 前面的；正面的
　　　side〔saɪd〕*n.* 面；邊　　*front side* 前面
　　　back side 後面　　wrong〔rɔŋ〕*adj.* 錯誤的

（27-28）

天空變得明亮且晴朗無雲。
大地穿上了紅與綠。
冬天離去了；春天來臨了。
空氣聞起來清新又香甜。

夏天的炙熱還沒來到這裡；
一隻小狐狸出來玩耍。
一隻小鳥在樹上忙碌
把一朵<u>雛菊</u>從睡夢中喚醒了。

小雛菊，小雛菊，
人們稱呼這種花為「白天之眼」。
當她張開眼，
春天就為我們帶來喜悅。

【註釋】

turn〔tɝn〕v. 變成；變得　bright〔braɪt〕adj. 明亮的
clear〔klɪr〕adj. 晴朗的；無雲的　earth〔ɝθ〕n. 大地
winter〔'wɪntɚ〕n. 冬天　gone〔gɔn〕adj. 離去的
spring〔sprɪŋ〕n. 春天　air〔ɛr〕n. 空氣
smell〔smɛl〕v. 聞起來　n. 味道　fresh〔frɛʃ〕adj. 新鮮的
sweet〔swit〕adj. 甜美的　heat〔hit〕n. 熱　**not yet** 尚未
fox〔fɑks〕n. 狐狸　busy〔'bɪzɪ〕adj. 忙碌的
wake〔wek〕v. 叫醒　daisy〔'dezɪ〕n. 雛菊
sleep〔slip〕n. 睡眠　springtime〔'sprɪŋ,taɪm〕n. 春季
bring〔brɪŋ〕v. 給…帶來　cheer〔tʃɪr〕n. 歡呼；喜悅

27.（**A**）這首詩是關於什麼季節？

　　(A) <u>春天。</u>　　(B) 夏天。　　(C) 秋天。　　(D) 冬天。

　　* poem〔'poɪm〕n. 詩　season〔'sizṇ〕n. 季節
　　autumn〔'ɔtəm〕n. 秋天

28. (**C**) 什麼是「雛菊」？
　　(A) 一個身體部位。　　　　(B) 一種鳥。
　　(C) 一種花。　　　　　　　(D) 一種味道。
　　* part〔pɑrt〕n. 部位

(29-31)

　　當我們弄濕時，需要用毛巾把自己擦乾。當狗弄濕時，牠只需要搖動身體。一份 2010 年的研究顯示，一隻弄濕的狗，只靠搖動，就可以在不到一秒的時間內，把身上一半的水甩掉。事實上，狗這種常見的動作，功效比一台洗衣機還好。

　　這項研究發現，動物的搖動，是以頭部爲開始，用尾巴作結束。在搖動的期間，動物的頭、身體，和皮膚，全都會動。較小型的動物要把水甩掉，必須搖得比大型動物快。例如，在一秒之內，老鼠可以搖 18 次，狗是 6 次，熊則是 4 次。較大型的動物搖動較少的次數，就可以把身體弄乾。

　　對動物而言，搖動的目的不只是弄乾身體而已。也可以拯救牠們的生命。身體潮濕會使動物變得更重，那樣跑起來比較困難。在動物界，動物奔跑的速度有多快，常能決定牠是否能活命。或許那就是爲什麼這種「濕狗式的搖動」，已經成爲許多動物常見的習慣的原因。

【註釋】

wet〔wɛt〕adj. 濕的　　　　towel〔ˈtaʊəl〕n. 毛巾
dry〔draɪ〕adj. 乾的　　　　need〔nid〕v. 需要
shake〔ʃek〕v. n. 搖動　　　study〔ˈstʌdɪ〕n. 研究
show〔ʃo〕v. 顯示　　　***throw off*** 甩掉；擺脫掉
second〔ˈsɛkənd〕n. 秒　　　***in fact*** 事實上
common〔ˈkɑmən〕adj. 常見的　　act〔ækt〕n. 行爲；舉動
work〔wɝk〕v. 起作用　　　machine〔məˈʃin〕n. 機器

washing machine 洗衣機　　animal〔'ænəmḷ〕*n.* 動物
begin〔bɪ'gɪn〕*v.* 開始　　end〔ɛnd〕*v.* 結束　　tail〔tel〕*n.* 尾巴
skin〔skɪn〕*n.* 皮膚　　move〔muv〕*v.* 動　　**get…off** 把…弄掉
for example 例如　　rat〔ræt〕*n.* 老鼠　　time〔taɪm〕*n.* 次
bear〔bɛr〕*n.* 熊　　fewer〔'fjuɚ〕*adj.* 較少的　　save〔sev〕*v.* 拯救
lives〔laɪvz〕*n. pl.* 生命【life 的複數形】　　heavy〔'hɛvɪ〕*adj.* 重的
make〔mek〕*v.* 使　　hard〔hɑrd〕*adj.* 困難的
world〔wɝld〕*n.* 世界；界　　fast〔fæst〕*adv.* 快速地
decide〔dɪ'saɪd〕*v.* 決定　　**whether…or not** 是否…
maybe〔'mebɪ〕*adv.* 或許　　habit〔'hæbɪt〕*n.* 習慣

29.（ **D** ）關於搖動，本文說了什麼？

　　(A) 不同的動物會從不同的身體部位開始搖動。

　　(B) 搖動是動物用來使其他動物害怕的一種方式。

　　(C) 沒有被當作寵物飼養的動物，比寵物會搖。

　　(D) 把自己搖乾，可能會幫助動物在危險時刻跑得更快。

　　* different〔'dɪfərənt〕*adj.* 不同的　　part〔pɑrt〕*n.* 部位
　　　way〔we〕*n.* 方式　　scared〔skɛrd〕*adj.* 害怕的
　　　keep〔kip〕*v.* 養（寵物）　　pet〔pɛt〕*n.* 寵物
　　　do the shaking 搖動（= *shake*）
　　　dangerous〔'dendʒərəs〕*adj.* 危險的
　　　moment〔'momənt〕*n.* 時刻

30.（ **D** ）我們從本文可以得知什麼？

　　(A) 動物的尾巴能幫助牠跑得更快而且更輕鬆。

　　(B) 有些動物甩掉水的時候，搖動的次數比牠們需要的還多。

　　(C) 洗衣機的概念是起源於狗的搖動。

　　(D) 和小型的動物比起來，較大型的動物，每搖動一次，會讓自
　　　　己變得更乾。

　　* easily〔'izɪlɪ〕*adv.* 容易地；輕鬆地
　　　idea〔aɪ'diə〕*n.* 想法；概念　　**come from** 來自；起源於
　　　large〔lɑrdʒ〕*adj.* 大的

31. (**B**) 以下四張圖片顯示老虎、貓和老鼠能搖得多快。根據本文，
哪一張圖片最有可能是正確的？

(A)

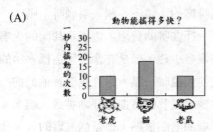

(B)

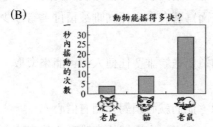

(C)

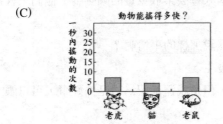

(D)

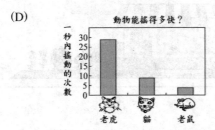

* picture〔ˈpɪktʃɚ〕*n.* 圖片　　tiger〔ˈtaɪgɚ〕*n.* 老虎
mice〔maɪs〕*n. pl.* 老鼠【單數是 mouse〔maʊs〕】
likely〔ˈlaɪklɪ〕*adv.* 可能地　　correct〔kəˈrɛkt〕*adj.* 正確的
number〔ˈnʌmbɚ〕*n.* 數目

（32-34）

喬　許：你知道芙蘿拉咖啡廳的「請下一個人喝咖啡」嗎？

艾瑞克：你的意思是預付一杯咖啡的費用，之後請貧困的人喝嗎？

喬　許：是啊。一杯咖啡沒多少錢，但是在像今天這樣寒冷的冬日
　　　　裡，可能可以使他們溫暖一點。也許也溫暖他們的心。

艾瑞克：但是芙蘿拉咖啡廳之後真的會把這杯咖啡送人嗎？

喬　許：拜託。我和咖啡廳的老闆很熟。他是個誠實的人。他店裡
　　　　有一個黑板，上面寫著有多少杯咖啡被預付，有多少杯咖
　　　　啡已經送出去。

艾瑞克：但是他們如何知道要送給誰？任何人都可能來索取，即使
　　　　他們不是窮人。

喬　許：確實是，但我想，他們就必須對人們有信心。

艾瑞克：也許吧。但是窮人會去索取免費的咖啡嗎？他們不會擔心
　　　　丟臉嗎？

喬　許：你為什麼一直在說<u>那樣的事情</u>呢？

艾瑞克：嗯，有可能會發生。

喬　許：好啦，我知道，但是我還是認為這是件好事，可以讓人們
　　　　關懷別人。

【註釋】

Josh〔dʒɑʃ〕*n.* 喬許　　　forward〔ˈfɔrwəd〕*adv.* 提早

coffee〔ˈkɔfɪ〕*n.* 咖啡　　　café〔kəˈfe〕*n.* 咖啡廳

mean〔min〕*v.* 意思是　　　poor〔pʊr〕*adj.* 窮的

have〔hæv〕*v.* 喝　　　later〔ˈletə〕*adv.* 後來；之後

yeah〔jɛ〕*adv.* 是的（= *yes*）　　***warm up*** 使溫暖

heart〔hɑrt〕*n.* 心　　***come on*** 拜託；別這樣
know sb. well 和某人很熟　　shopkeeper〔ˋʃɑp͵kipɚ〕*n.* 商店老闆
honest〔ˋɑnɪst〕*adj.* 誠實的　　blackboard〔ˋblæk͵bord〕*n.* 黑板
give out 分發；分送　　***ask for*** 要求　　***even if*** 即使
guess〔gɛs〕*v.* 猜想　　***believe in sb.*** 對某人有信心
perhaps〔pɚˋhæps〕*adv.* 也許　　free〔fri〕*adj.* 免費的
lose face 丟臉　　well〔wɛl〕*interj.* 嗯　　happen〔ˋhæpən〕*v.* 發生
get〔gɛt〕*v.* 使　　***care about*** 在意；關懷

32. (**A**) things like that 是什麼意思？

 (A) 有關這個免費咖啡計劃的問題。
 (B) 去芙蘿拉咖啡廳的人會遇上的麻煩。
 (C) 使這個免費咖啡計劃成功的方法。
 (D) 免費咖啡會為芙蘿拉咖啡廳帶來的好處。

 * trouble〔ˋtrʌbḷ〕*n.* 麻煩

33. (**A**) 關於喬許和艾瑞克，我們可以知道什麼？

 (A) 喬許無法改變艾瑞克對於免費咖啡的想法。
 (B) 艾瑞克對這個免費咖啡計劃比喬許抱持更多的希望。
 (C) 他們發現了一個方法，能使人們覺得去拿免費咖啡是可
  以的。
 (D) 他們不知道芙蘿拉咖啡廳是否會誠實做生意。

 * ***be able to V.*** 能夠…　　***change*** *one's* ***mind*** 改變某人的想法
 hope〔hop〕*n.* 希望　　OK〔ˋoˋke〕*adj.* 好的；沒問題的
 do business 做生意　　honestly〔ˋɑnɪstlɪ〕*adv.* 誠實地

34. (**D**) 從這段對話中，我們知道有關芙蘿拉咖啡廳的什麼事？

 (A) 他們有辦法知道誰是真正的窮人。
 (B) 免費咖啡為他們帶來更多的生意。
 (C) 人們付免費咖啡的錢比其他咖啡少。
 (D) 他們的黑板上顯示是否還有免費的咖啡可索取。

 * dialogue〔ˋdaɪə͵lɔg〕*n.* 對話　　really〔ˋriəlɪ〕*adv.* 真地

（35-37）

吉姆·韋伯　　1987 年 10 月 16 日

　　過去幾年來，鯨魚的數量急劇地減少。從 1946 年到 1986 年，大約有 34 萬頭鯨魚被獵殺。人們擔心未來孩子們只能從圖片中看見鯨魚。他們認為所有的捕鯨行為，都應該在為時已晚前被禁止。

　　有些人試著在世界各地禁止捕鯨。但是他們沒有注意到一項事實：捕鯨在鯨魚數量減少並且成為問題之前，就已經存在很長一段時間了。

　　捕鯨早在 1,500 年前就開始。這是部落居民養活家庭的方式。他們為了肉而獵殺鯨魚，因為幾乎沒有作物能在他們的土地生長。他們也將鯨魚脂肪做成油，並且用它來做蠟燭或是油燈。多年來，捕鯨變成他們的生活方式，甚至成為他們的一部分。

　　部落捕鯨不是我們應該擔心的事。在過去四十年來，所有被獵殺的鯨魚中，只有百分之十是部落居民獵殺的。其餘的百分之九十死於賺錢的鯨魚產業手中。當我們試著禁止所有的捕鯨行為時，我們應該思考，我們正在要求部落居民放棄什麼，以及這是否是捕鯨問題最好的解答。

【註釋】

over〔ˋovɚ〕*prep.* 在…期間　　whale〔hwel〕*n.* 鯨魚　*v.* 捕鯨
drop〔drɑp〕*v.* 下降；減少　　sharply〔ˋʃɑrplɪ〕*adv.* 急劇地
worry〔ˋwɝɪ〕*v.* 擔心　　future〔ˋfjutʃɚ〕*n.* 未來
believe〔bɪˋliv〕*v.* 相信；認為　　whaling〔ˋhwelɪŋ〕*n.* 捕鯨
hunting〔ˋhʌntɪŋ〕*n.* 獵捕　　stop〔stɑp〕*v.* 阻止
late〔let〕*adj.* 晚的　　*all over the world* 在世界各地
fail to V. 未能…　　notice〔ˋnotɪs〕*v.* 注意到
fact〔fækt〕*n.* 事實　　*go on* 進行　　*go down* 下降
problem〔ˋprɑbləm〕*n.* 問題　　*as early as* 早在

tribespeople〔'traɪbz͵pipl̩〕*n.* 部落居民

feed〔fid〕*v.* 餵食；養活　　hunt〔hʌnt〕*v.* 獵捕

meat〔mit〕*n.* 肉　　grow〔gro〕*v.* 生長

land〔lænd〕*n.* 土地　　***make A into B*** 把 A 製作成 B

fat〔fæt〕*n.* 脂肪　　oil〔ɔɪl〕*n.* 油

candle〔'kændl̩〕*n.* 蠟燭　　lamp〔læmp〕*n.* 燈

oil lamp 油燈　　***way of life*** 生活方式

who *one* ***is*** 某人所有的一切；某人現在的樣子　　***worry about*** 擔心

tribe〔traɪb〕*n.* 部落　　of〔əv〕*prep.* 在…當中

money-making *adj.* 賺錢的　　business〔'bɪznɪs〕*n.* 企業；…業

give up 放棄　　whether〔'hwɛðɚ〕*conj.* 是否

answer〔'ænsɚ〕*n.* 答案 < *to* >

35.(**B**) 以下是作者在文章中的論點：

　　a. 我們是否應該禁止部落居民捕鯨

　　b. 捕鯨的問題

　　c. 以捕鯨作為一種生活方式

作者是以什麼順序談論他的論點？

(A) a→c→b　　(B) b→c→a

(C) c→a→b　　(D) c→b→a

* below〔bə'lo〕*adv.* 以下　　writer〔'raɪtɚ〕*n.* 作者

point〔pɔɪnt〕*n.* 論點　　order〔'ɔrdɚ〕*n.* 順序

in ~ order 以~順序

36.(**C**) 哪一個想法可能是作者會同意的？

(A) 我們應該禁止所有種類的捕鯨。

(B) 我們不應該擔心鯨魚的數量。

(C) 部落居民的生活方式跟動物的生命一樣重要。

(D) 和捕鯨業一起合作可以使部落居民的生活變得更好。

* ***agree with*** 同意　　important〔ɪm'pɔrtn̩t〕*adj.* 重要的

work with 和…合作

37.（ **D** ） 我們可以從文章中得知什麼？

(A) 部落居民相信鯨魚可以帶來好運。

(B) 部落居民藉由販賣鯨魚油致富。

(C) 捕鯨一直到 1,500 年前才成為一個問題。

(D) <u>捕鯨在不同的方面幫助了部落居民的生活。</u>

* rich〔rɪtʃ〕*adj.* 有錢的　　***not…until*** ～　直到…才～

way〔we〕*n.* 方式；方面

（38-41）

NBN 新聞

萊恩・金　　2013 年 7 月 15 日

自從上星期以來，對於卡洛琳・柯爾的猜測就滿天飛，現在情況有了<u>新的轉變</u>。

上星期卡洛琳・柯爾以她的《幽靈士兵》這本書，贏得了 Inscriber 獎，那是全國最大的圖書獎。柯爾自己並沒有現身領獎。這不僅是史上第一次，第一次寫書的作者得獎，也是首次得獎者未現身領獎。

現在，Inscriber 又有了另外一個「第一次」；柯爾並非真有其人。「她」事實上是湯瑪斯・古德。古德最有名的，是他的圖畫書。他最有名的一本書《藍色的月亮》，替他贏得兩項全國圖書獎，並銷售超過一百萬本。

古德以前嘗試過寫「嚴肅的」書。他第一次的嘗試是《有孩子的人》，在 2006 年出版。遺憾的是，古德的名氣並沒有幫助，大家對《有孩子的人》沒什麼興趣。古德的朋友告訴 NBN 說，他想用不同的名字寫一本書。古德認為，如果人們不知道書是一位圖畫書作者寫的，可能就會比較認真看待他的書。

目前，古德尚未給我們任何消息。

【註釋】

news〔njuz〕*n.* 新聞　　Ryan Kim〔ˈraɪən ˈkɪm〕*n.* 萊恩・金

guess〔gɛs〕*n.* 猜測

Carolyn Cole〔ˈkærəlɪn ˈkol〕*n.* 卡洛琳・柯爾

fly〔flaɪ〕*v.* 飛　　around〔əˈraʊnd〕*adv.* 到處

fly around 到處傳播；到處散播　　things〔θɪŋz〕*n. pl.* 情況

turn〔tɜn〕*n.* 轉彎；轉變　　***take a new turn*** 有了新的轉變

win〔wɪn〕*v.* 贏得；使贏得　　prize〔praɪz〕*n.* 獎

paper〔ˈpepɚ〕*adj.* 紙上的；空談的　　soldier〔ˈsoldʒɚ〕*n.* 士兵

paper soldier 幽靈士兵【paper army（名義上的）幽靈部隊】

show up 出現　　history〔ˈhɪstrɪ〕*n.* 歷史

first-time〔ˈfɜstˌtaɪm〕*adj.* 首次的；初次的

writer〔ˈraɪtɚ〕*n.* 作家　　winner〔ˈwɪnɚ〕*n.* 得獎者

appear〔əˈpɪr〕*v.* 出現

real〔ˈriəl〕*adj.* 真的

Thomas Goode〔ˈtɑməs ˈgʊd〕*n.* 湯瑪斯・古德

be famous for 因…而有名　　***picture book*** 圖畫書

best-known〔ˌbɛstˈnon〕*adj.* 最有名的【原級是 well-known *adj.* 有名的】

moon〔mun〕*n.* 月亮　　national〔ˈnæʃənḷ〕*adj.* 國家的；全國的

sell〔sɛl〕*v.* 賣　　million〔ˈmɪljən〕*n.* 百萬

copy〔ˈkɑpɪ〕*n.*（一）本

try〔traɪ〕*v. n.* 嘗試　　serious〔ˈsɪrɪəs〕*adj.* 嚴肅的

parent〔ˈpærənt〕*n.* 父（母）親；雙親之一；有孩子的人

come out（書籍）問世；出版

sadly〔ˈsædlɪ〕*adv.* 可悲的是；遺憾的是

name〔nem〕*n.* 名字；名聲　　***big name*** 名氣；名人

little〔ˈlɪtḷ〕*adj.* 極少的　　interest〔ˈɪntrɪst〕*n.* 興趣 < *in* >

under a ~name 以~之名　　different〔ˈdɪfərənt〕*adj.* 不同的

treat〔trit〕*v.* 對待；看待　　seriously〔ˈsɪrɪəslɪ〕*adv.* 認真地

for the moment 暫時；目前　　***not…yet*** 尚未

word〔wɜd〕*n.* 一句話；消息

38.(**C**) 根據這一則新聞報導，哪一個事實能被看成是「一個新的轉變」？

    (A) 卡洛琳・柯爾是個第一次寫書的作家。

    (B) 卡洛琳・柯爾贏得 Inscriber 獎。

    (C) <u>卡洛琳・柯爾不是得獎者的眞名。</u>

    (D) 卡洛琳・柯爾並未現身領取 Inscriber 獎。

    * story〔'storɪ〕*n.* 報導　　***news story*** 新聞報導
    be seen as 被視爲

39.(**D**) 關於 Inscriber 獎，何者最有可能是正確的？

    (A) 它是 NBN 新聞創辦的。

    (B) 它是給圖畫書的新的獎。

    (C) 它是只頒給初次寫書的作家的獎。

    (D) <u>它是被全國的作家認眞看待的獎。</u>

    * start〔start〕*v.* 創辦　　country〔'kʌntrɪ〕*n.* 國家

40.(**C**) 我們可以知道關於湯瑪斯・古德的什麼事？

    (A) 他得過兩次 Inscriber 獎。

    (B) 他告訴 NBN，《幽靈士兵》是他的作品。

    (C) <u>他希望自己不只是個圖畫書作家。</u>

    (D) 他不是個成功的圖畫書作家。

    * twice〔twaɪs〕*adv.* 兩次　　work〔wɝk〕*n.* 作品
    more than 不只是　　life〔laɪf〕*n.* 生命；生涯
    successful〔sək'sɛsfəl〕*adj.* 成功的

41.(**A**) 關於湯瑪斯・古德的書，我們知道什麼？

    (A) <u>《有孩子的人》的銷售量不好。</u>

    (B) 《幽靈士兵》是他的暢銷書。

    (C) 他的第一本圖畫書於 2006 年出版。

    (D) 《藍色的月亮》是以不同的名字寫的。

    * sales〔selz〕*n. pl.* 銷售量
    best-selling〔'bɛst'sɛlɪŋ〕*adj.* 暢銷的

聽力測驗（第 1-21 題，共 21 題）

第一部分：辨識句意（第 1-3 題）

1. (**B**) (A)　　　　　　(B)　　　　　　(C)

A dog is running with a Frisbee in its mouth.

有隻狗嘴裡叨著飛盤，正在奔跑。

* Frisbee〔'frɪzbi〕n. 飛盤　　mouth〔mauθ〕n. 嘴巴

2. (**B**) (A)　　　　　　(B)　　　　　　(C)

The girl is too short to get the box on top of the refrigerator.

那個女孩太矮，無法拿到冰箱上面的箱子。

* **too…to** 太…以致於不　　short〔ʃɔrt〕adj. 矮的
box〔baks〕n. 盒子；箱子　　**on top of** 在…上面
refrigerator〔rɪ'frɪdʒə,retə〕n. 冰箱

3. (**A**) (A) (B) (C)

This photo is not good; you can only see the lower half of the tall boy's face in it.

這張照片不好；在照片裡你只能看到很高的男孩的下半臉。

* photo (ˈfoto) *n.* 照片 (= *photograph*)
　lower (ˈloɚ) *adj.* 下層的；下面的
　half (hæf) *n.* 一半　　　tall (tɔl) *adj.* 高的

第二部分：基本問答（第 4-10 題）

4. (**A**) Excuse me, miss, but I'm afraid you're in my seat.

對不起，小姐，恐怕妳坐在我的位子上了。

　(A) Oh, sorry. 喔，抱歉。
　(B) Don't worry. 別擔心。
　(C) Take a seat, please. 請坐。

* miss (mɪs) *n.* 小姐　　***I'm afraid*** 恐怕
　seat (sit) *n.* 座位　　***take a seat*** 坐下

5. (**C**) Do you go to the gym a lot? 你常去健身房嗎？

　(A) It's near my office. 它離我的辦公室很近。
　(B) A lot of people go there. 很多人去那裡。
　(C) About four or five times a week. 一星期大約四或五次。

* gym (dʒɪm) *n.* 健身房 (= *gymnasium*)
　a lot 常常　　　near (nɪr) *prep.* 在…的附近
　office (ˈɔfɪs) *n.* 辦公室　　time (taɪm) *n.* 次

6. (**A**) Excuse me, do you know where the nearest supermarket is? 對不起，你知道最近的超市在哪裡嗎？

(A) There's one down the street.
在這條街的另一頭有一家。

(B) I often shop at the one near my office.
我常在我辦公室附近的那家超市購物。

(C) A new supermarket will open next week.
有家新的超市下星期開幕。

* near〔nɪr〕*adj.* 近的　　supermarket〔'supɚ͵mɑrkɪt〕*n.* 超市
down〔daʊn〕*prep.* 沿著；在（馬路、小徑等的）較遠端
shop〔ʃɑp〕*v.* 購物　　open〔'opən〕*v.* 開幕

7. (**C**) Can we watch something else? This TV program is terrible. 我們能看點別的嗎？這個電視節目很糟糕。

(A) When will it start? 它什麼時候開始？

(B) Do we need a new TV? 我們需要一台新的電視嗎？

(C) What do you want to watch? 你想看什麼？

* else〔ɛls〕*adj.* 其他的
terrible〔'tɛrəbl̩〕*adj.* 可怕的；糟糕的　　start〔stɑrt〕*v.* 開始

8. (**B**) Excuse me, but I can't really talk right now. Why don't you give me your number, I'll call you as soon as I've got time. 對不起，我現在真的不能說話。你何不給我你的電話號碼，我一有時間就會打給你。

(A) Sure, I can talk now. 當然，我現在可以說話。

(B) All right, it's 2033-6985. 好的，電話是 2033-6985。

(C) No, I don't have your number.
不，我沒有你的電話號碼。

* ***right now*** 現在　　***Why don't you***…? 你何不…？
number〔'nʌmbɚ〕*n.* 號碼；電話號碼

call〔kɔl〕*v.* 打電話給⋯　　*as soon as* 一⋯就
have got 有（＝*have*）　　*all right* 好的

9. (**A**) Whose sweater is this? It's been lying here on the sofa
　　 for weeks. 這是誰的毛衣？已經在沙發這裡好幾個星期了。

　　(A) I think it belongs to Tom. <u>我想是湯姆的。</u>
　　(B) It was still here last week. 它上星期還在這裡。
　　(C) The sofa is Tom's favorite. 那個沙發是湯姆最喜愛的。

　　* sweater〔'swɛtɚ〕*n.* 毛衣　　lie〔laɪ〕*v.* 位於
　　　sofa〔'sofə〕*n.* 沙發　　*belong to* 屬於
　　　still〔stɪl〕*adv.* 仍然　　favorite〔'fevərɪt〕*n.* 最喜愛的人或物

10. (**C**) Can I borrow you for a second? There's something I want
　　 to show you. 我可以借用你一下嗎？有樣東西我想給你看。

　　(A) I also need it, I'm afraid. 我恐怕也需要它。
　　(B) Sure, it's my favorite show.
　　　　當然，這是我最喜愛的表演。
　　(C) Sorry, but I'm a little busy now. <u>抱歉，我現在有點忙。</u>

　　* borrow〔'baro〕*v.* 借；借用
　　　second〔'sɛkənd〕*n.* 秒；瞬間；片刻
　　　show〔ʃo〕*v.* 給⋯看　*n.* 表演；節目　　sure〔ʃur〕*adv.* 當然
　　　favorite〔'fevərɪt〕*adj.* 最喜愛的
　　　a little 有點　　busy〔'bɪzɪ〕*adj.* 忙碌的

第三部分：言談理解（第 11-21 題）

11. (**B**) M：Excuse me.
　　　　　　男：對不起。
　　　　　　W：How may I help you?
　　　　　　女：我能為你效勞嗎？
　　　　　　M：Umm, yeah, I'm looking for a pair of pants.

男：嗯，是的，我在找一條褲子。

W：What kind of pants? Jeans?

女：哪一種褲子？牛仔褲嗎？

M：No, umm… Something I can wear to work.

男：不，嗯…我能穿去上班的。

W：Let me see. How about this pair?

女：讓我想一下。這一條怎麼樣？

M：Hmm, these look nice.

男：嗯，看起來不錯。

W：Why don't you try them on?

女：你何不去試穿看看？

Question：Who is the woman? 這位女士是什麼人？

(A) A police officer. 警官。

(B) A shop clerk. <u>店員。</u>

(C) A secretary. 秘書。

* umm〔m〕*interj.* 嗯　　yeah〔jɛ〕*interj.* 是的（＝*yes*）
look for 尋找　　pair〔pɛr〕*n.* 一雙；（長褲的）一條
pants〔pænts〕*n. pl.* 褲子　　***a pair of pants*** 一條褲子
kind〔kaɪnd〕*n.* 種類　　jeans〔dʒinz〕*n. pl.* 牛仔褲
Let me see. 讓我考慮一下；讓我想一想。
how about …如何　　hmm〔m〕*interj.* 嗯
look〔lʊk〕*v.* 看起來　　***try on*** 試穿
police officer 警官；警察　　clerk〔klɝk〕*n.* 店員
secretary〔ˈsɛkrəˌtɛrɪ〕*n.* 秘書

12.（**B**）M：Mom!

男：媽！

W：What's wrong?

女：怎麼了？

M：Did you turn off the gas? The water is cold!

男：妳關掉瓦斯了嗎？水是冷的！

W：Really?! Wait a second. Let me check. Why don't you put your clothes back on?

女：真的嗎?! 等一下。我看看。你何不把衣服穿回去？

M：But I'm all wet now and my clothes are dirty. I've already put them in the basket.

男：但是我現在全身都是濕的，而且我的衣服是髒的。我已經把它們放進籃子裡了。

W：Here, dry yourself off with this towel, or you're going to catch a cold.

女：來，用這條毛巾把你自己擦乾，否則你就要感冒了。

Question：Where might the boy be? 這位男孩可能在哪裡？

(A) In a clothes store. 在服飾店。

(B) In the bathroom. 在浴室。

(C) In the hospital. 在醫院。

* mom〔mɑm〕n. 媽媽　　wrong〔rɔŋ〕adj. 不對勁的
  turn off 關掉　　gas〔gæs〕n. 瓦斯
  Wait a second. 等一下。　　check〔tʃɛk〕v. 檢查；查看
  put on 穿上　　clothes〔kloz〕n. pl. 衣服
  put one's **clothes back on** 把某人的衣服穿回去
  wet〔wɛt〕adj. 濕的　　dirty〔ˈdɝtɪ〕adj. 髒的
  already〔ɔlˈrɛdɪ〕adv. 已經　　basket〔ˈbæskɪt〕n. 籃子
  here〔hɪr〕interj.【用以引起注意】來；喂
  dry off 把⋯完全弄乾　　towel〔ˈtauəl〕n. 毛巾
  or〔ɔr〕conj. 否則　　**catch a cold** 感冒
  bathroom〔ˈbæθˌrum〕n. 浴室　　hospital〔ˈhɑspɪtḷ〕n. 醫院

13. (**C**) M：Hey, I've made some spaghetti for you.

男：嘿，我做了一些義大利麵給妳。

W：Oh, lovely.

女：喔，太棒了。

M：Does it taste alright?

男：嚐起來還可以嗎？

W：Hmm… I didn't know spaghetti could be made sweet.

女：嗯，我不知道義大利麵可以做成甜的。

M：What?! I put salt in, a lot in fact.

男：什麼?! 我放了鹽進去，事實上放了很多。

W：You didn't taste it first?

女：你沒有先嚐一下嗎？

M：I… no! I wanted you to be the first to taste it.

男：我…沒有！我想讓妳第一個品嚐。

W：Maybe you should try the food first next time.

女：也許下次你應該先吃一下食物。

M：Let me try it.　Oh no, it's sweet!

男：讓我吃一下。噢，不，是甜的！

Question：What mistake did the man make?

這位男士犯了什麼錯？

(A) He cooked the spaghetti for too long.

他義大利麵煮太久。

(B) He put too much salt in the spaghetti.

他義大利麵放太多鹽。

(C) He used sugar in cooking the spaghetti.

他煮義大利麵時加了糖。

* hey〔he〕interj. 嘿　　spaghetti〔spə'gɛtɪ〕n. 義大利麵
oh〔o〕interj. 喔　　lovely〔'lʌvlɪ〕adj. 可愛的；極好的
taste〔test〕n. 品嚐；嚐起來
alright〔ɔl'raɪt〕adj. 好的；可以的
salt〔sɔlt〕n. 鹽　　*in fact* 事實上
first〔fɝst〕adv. 先　　maybe〔'mebi〕adv. 也許
try〔traɪ〕v. 試嚐；試吃　　*next time* 下一次
mistake〔mə'stek〕n. 錯誤　　*make a mistake* 犯錯
for too long 太久　　sugar〔'ʃʊgɚ〕n. 糖

14. (**A**) M：So how was Nacuna?

男：所以納庫拉如何？

W：Lovely.

女：很棒。

M：What did you do there?

男：你們在那裡做了什麼？

W：Most mornings Jamie and I just lay under a big umbrella. In the afternoon I would go for a swim. The water was nice and warm then, and Jamie would play volleyball. The kids were always building castles. Oh, and hmm, well, we didn't do it this time but many people were surfing.

女：大部分的早上傑米和我都只是躺在大傘底下。下午我們會去游泳。那時候的海水很不錯，又溫暖，而且傑米會打排球。孩子們總是在建造城堡。噢，嗯，我們這次沒做，不過有很多人在衝浪。

M：Sounds great. I'm going next week.

男：聽起來很棒。我下星期會去。

W：You'll love it.

女：你會喜歡的。

Question：What is Nacuna? 納庫拉是什麼？

(A) A beach. 海灘。

(B) A gym. 健身房。

(C) A toy store. 玩具店。

* so〔so〕*adv.* 所以；因此   lie〔laɪ〕*v.* 躺
    go for a swim 去游泳   warm〔wɔrm〕*adj.* 溫暖的
    volleyball〔'valɪˌbɔl〕*n.* 排球   kid〔kɪd〕*n.* 小孩
    build〔bɪld〕*v.* 建造   castle〔'kæsl〕*n.* 城堡
    surf〔sɝf〕*v.* 衝浪   sound〔saund〕*v.* 聽起來

Sounds great. 聽起來很棒。(= *It sounds great.*)
beach〔 bitʃ 〕 *n.* 海灘　　toy〔 tɔɪ 〕 *n.* 玩具

15. (**A**)　M：Should I make some steak for dinner?
　　　　男：我晚餐應該做些牛排嗎？
　　　　W：Well, maybe.
　　　　女：嗯，也許。
　　　　M：Or how about some pizza?
　　　　男：或者一些披薩如何？
　　　　W：Again?
　　　　女：又是披薩？
　　　　M：What do you want then?
　　　　男：那麼妳想要什麼？
　　　　W：Well, it's quite cold today, and I want something that can keep me warm.
　　　　女：嗯，今天相當冷，我想要能使我溫暖的東西。
　　　　M：Like noodle soup?
　　　　男：像是湯麵？
　　　　W：Ooh, now you've read my mind.
　　　　女：喔，現在你已經知道我的想法了。
　　　　Question：What does the woman want for dinner?
　　　　　　　　　這位女士晚餐想吃什麼？
　　　　(A) Noodle soup. 湯麵。
　　　　(B) Pizza. 披薩。
　　　　(C) Steak. 牛排。

＊ steak〔 stek 〕 *n.* 牛排　　pizza〔 'pitsə 〕 *n.* 披薩
　quite〔 kwaɪt 〕 *adv.* 相當　　keep〔 kip 〕 *v.* 使保持
　then〔 ðɛn 〕 *adv.* 那麼　　like〔 laɪk 〕 *prep.* 像
　noodle〔 'nudl̩ 〕 *n.* 麵　　soup〔 sup 〕 *n.* 湯
　noodle soup 湯麵　　read〔 rid 〕 *v.* 察覺；看出
　mind〔 maɪnd 〕 *n.* 想法　　***read one's mind*** 看出某人的心思

16. (**C**) M : Look at this.　The apples are only 20 dollars each.

　　　　男：看看這個。蘋果每顆只要 20 元。

　　　　W : Wow, that's cheap.　Let's get some.　Oh, I think I've got this gift card that'll save us some money.　That's strange.　I remember I put it in my bag.

　　　　女：哇，很便宜。我們買一些吧。喔，我想我有禮物卡，那會幫我們省一些錢。奇怪。我記得我把它放在袋子裡。

　　　　M : Maybe you put it in another bag.　That's fine.　They're already cheap enough.

　　　　男：也許妳把它放在另一個袋子裡。沒關係。它們已經夠便宜了。

　　　　Question : What will the man and the woman buy?

　　　　　　　　　這位男士和這位女士會買什麼？

　　　　(A) Bags. 袋子。

　　　　(B) Gift cards. 禮物卡。

　　　　(C) Apples. 蘋果。

　　　　* ***look at*** 看　　each〔ItS〕 *adv.* 每個　　wow〔waU〕*interj.* 哇
　　　　get〔gɛt〕*v.* 買　***I've got*** 我有（= *I have*）
　　　　gift card 禮物卡【大部份的美國人在重大節日，都喜歡送親朋好友禮物卡。禮物卡等同現金，可以在實體店面或網路購物使用，常常會有一些優惠】　　save〔sev〕*v.* 使節省
　　　　strange〔strendʒ〕*adj.* 奇怪的
　　　　fine〔faIn〕*adj.* 很好的；不錯的；可以接受的
　　　　enough〔ə'nʌf〕*adv.* 足夠地

17. (**C**) M1 : You know, it's almost 8 o'clock.　You don't want to be late for your PE baseball game.

　　　　男1：你知道的，快八點了。你不會想要體育課的棒球比賽遲到吧。

　　　　M2 : I know!　I'll be ready in a minute.

　　　　男2：我知道！我馬上就好。

M1 : Fine, I'll pick you up at school at noon. And after lunch, we'll go to the dentist.

男 1： 好，我會在中午開車去學校接你。吃完午餐後，我們去看牙醫。

M2 : But you said you would take me to buy video games.

男 2： 但是你說你會帶我去買電玩遊戲。

M1 : That's tonight, after your mom comes home.

男 1： 那是今天晚上，等你媽媽回家以後。

Question : What will the boy do in the afternoon?

男孩下午會做什麼？

(A) Buy video games. 買電玩遊戲。

(B) Play a baseball game. 參加棒球比賽。

(C) See the dentist. <u>看牙醫。</u>

* late〔let〕*adj.* 遲到的　　***PE*** 體育課（= *physical education*）
ready（'rɛdɪ）*adj.* 準備好的　　***in a minute*** 立刻；馬上
pick sb. up 開車接某人　　noon〔nun〕*n.* 中午
dentist〔'dɛntɪst〕*n.* 牙醫　　***go to the dentist*** 去看牙醫
video game 電玩遊戲　　play〔ple〕*v.* 參加（球賽）

18. (**C**) W : Your ticket, please.

女： 麻煩出示您的票。

M : Here you go.

男： 拿去吧。

W : Oh, sir, I'm afraid you took the wrong train. This is not RJ306.

女： 噢，先生，恐怕您搭錯火車了。這不是 RJ306。

M : What?! But the guy at the station said it's going to Vienna.

男： 什麼?! 但是車站的那個人說，這是要去維也納的。

W : Well, it is, but this is a slower train. It'll arrive 20 minutes later than RJ306.

女：嗯，沒錯，但這是比較慢的火車。它會比 RJ306 晚 20 分鐘到。

M：Will it stop at the west station, too?

男：它也會在西站停嗎？

W：Yes.

女：是的。

M：Well, I guess that's OK then.

男：嗯，我想那就沒關係了。

Question：What will the man do? 這位男士會做什麼？

(A) Change to a faster train. 換較快的火車。

(B) Get off at the next stop. 在下一站下車。

(C) Stay on the train. 留在火車上。

* ***Here you go.*** 拿去吧；你要的東西在這裡。(= *Here you are.* = *Here it is.*) take〔tek〕*v.* 搭乘
guy〔gaɪ〕*n.* 人；傢伙 Vienna〔vɪˈɛnə〕*n.* 維也納
arrive〔əˈraɪv〕*v.* 到達 late〔let〕*adv.* 晚
west〔wɛst〕*adj.* 西方的 guess〔gɛs〕*v.* 猜想
OK〔ˈoˈke〕*adj.* 可以的；沒問題的 change〔tʃendʒ〕*v.* 更換
get off 下車 stop〔stɑp〕*n.* 停車站 stay〔ste〕*v.* 停留

19. (**A**) W：What happened? You look like you just saw a ghost.

女：發生了什麼事？你看起來像是剛剛看到鬼一樣。

M：I did!

男：我是！

W：What are you talking about?! It's not Ghost Month yet.

女：你在說什麼?! 現在還不是鬼月。

M：You know the old house at the end of our street.

男：妳知道我們街尾的那間老房子吧。

W：Yeah.

女：知道啊。

M : No one has lived there for years, but I just saw a
   woman walking inside, and she was wearing all
   white in the dark.

男：那裡已經很多年沒人住了，但是我剛剛看到有個女人在裡
   面走動，她在黑暗中全身都穿著白色的衣服。

W : Oh, that's Sara.

女：喔，那是莎拉。

M : You even know the ghost's name?

男：妳甚至連鬼的名字都知道？

W : Oh, please, you should stop watching those ghost
   movies. I met her this morning. She just bought that
   house.

女：喔，拜託，你應該停止看那些鬼片。我今天早上遇到她。
   她剛剛買下那間房子。

Question : Why did the man think he saw a ghost in the
         old house?
         這位男士為何認為自己在那間老房子裡看到鬼？

(A) He didn't know someone moved in.
   <u>他不知道有人搬進去了。</u>

(B) Lots of ghost movies were made there.
   很多鬼片是在那裡拍的。

(C) Ghosts often appear in Ghost Month.
   鬼常常在鬼月出現。

* happen〔ˈhæpən〕v. 發生　　just〔dʒʌst〕adv. 剛剛
  ghost〔gost〕n. 鬼　　***talk about*** 談論　　***not yet*** 尚未；還沒
  Ghost Month 鬼月　　end〔ɛnd〕n. 末端
  inside〔ˈɪnˈsaɪd〕adv. 在裡面　　white〔hwaɪt〕n. 白色衣服
  dark〔dɑrk〕n. 黑暗　　***in the dark*** 在黑暗中
  please〔pliz〕interj. 請；拜託；少來；別這樣
  meet〔mit〕v. 遇見　　move〔muv〕v. 搬家
  move in 遷入；搬進新居　　***lots of*** 許多的（= *a lot of*）
  make〔mek〕v. 拍攝（電影）　　appear〔əˈpɪr〕v. 出現

20. (**B**) This is the 7 o'clock AM weather report. It's clear in the north, and you'll see the sun today. However, if you live in the east, you'll need an umbrella to keep yourself from getting wet. Moving down to the south, it's going to be sunny. But there will be some strong winds coming from the sea. As for the west, the sky will be gray all day.

這是早上七點鐘的天氣預報。北部天氣晴朗,今天你會看到太陽。不過,如果你住在東部,你會需要雨傘,才不會淋濕。往南部移動,天氣會很晴朗。但是會有一些來自海上的強風。至於西半部,則全天都是陰天。

Question : Which picture shows what the weather is like today? 哪一張圖片能顯示今天的天氣?

(A)　　　　　　　　(B)　　　　　　　　(C)

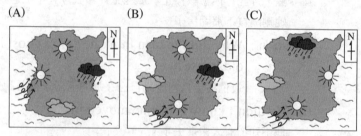

* am〔'e'ɛm〕*adv.* 上午　　weather〔'wɛðɚ〕*n.* 天氣
report〔rɪ'port〕*n.* 報導;報告
clear〔klɪr〕*adj.* 晴朗的;無雲的
north〔nɔrθ〕*n.* 北方;北部　　sun〔sʌn〕*n.* 太陽
however〔haʊ'ɛvɚ〕*adv.* 然而　　east〔ist〕*n.* 東方;東部
***keep** sb. **from** V-ing* 使某人免於…
move〔muv〕*v.* 移動　　down〔daʊn〕*adv.* 往下
south〔saʊθ〕*n.* 南方;南部　　sunny〔'sʌnɪ〕*adj.* 晴朗的
strong〔strɔŋ〕*adj.* 強烈的　　wind〔wɪnd〕*n.* 風
sea〔si〕*n.* 海　　***as for*** 至於
west〔wɛst〕*n.* 西方;西部　　gray〔gre〕*adj.* 灰色的;陰暗的
show〔ʃo〕*v.* 顯示

21. (**C**) W : Gary, you've been sitting at the desk for hours.　This
　　　　　　　is not like you.

女：蓋瑞，你已經坐在書桌前好幾個小時了。這不像你。

M : I'm trying to tell grandma how we spent Christmas
　　this year, but it's really hard to do it in Chinese.

男：我是想告訴奶奶，我們今年要如何過聖誕節，但用中文說
　　真的是太難了。

W : Don't you know she can read English now?　She's
　　been taking classes.

女：你不知道她現在看得懂英文嗎？她一直有在上課。

M : Why didn't you tell me earlier?　It took me ages to
　　put down only two sentences.

男：妳怎麼不早點告訴我？我花了好久的時間，才寫了兩個句
　　子。

Question : What will the boy do next?

這位男孩接下來會做什麼？

(A) Invite his grandma to come for Christmas.

邀請他的奶奶來過聖誕節。

(B) Practice speaking Chinese with his grandma.

和他的奶奶練習說中文。

(C) Write to his grandma in English.

用英文寫信給他的奶奶。

* ***at the desk*** 在書桌前　　try〔traɪ〕*v.* 嘗試；努力
grandma〔'grændmə〕*n.* 祖母；奶奶　　spend〔spɛnd〕*v.* 渡過
hard〔hɑrd〕*adj.* 困難的　　in〔ɪn〕*prep.* 用…（語言）
take classes 上課　　early〔'ɝlɪ〕*adv.* 早　　take〔tek〕*v.* 花費
ages〔edʒɪz〕*n. pl.* 長時間　　***put down*** 寫下（= *write down*）
sentence〔'sɛntəns〕*n.* 句子　　next〔nɛkst〕*adv.* 接下來
invite〔ɪn'vaɪt〕*v.* 邀請　　practice〔'præktɪs〕*v.* 練習
write〔raɪt〕*v.* 寫信

107 年國中教育會考英語科修正意見

題　　號	修　　　正　　　意　　　見
第 13 題	Tomorrow we are all going back home *and get* ready for school. → *…and getting* ready for school. 或 *…and will get* ready for school. 或 *…to get* ready for school. * 依句意爲未來式，又 and 爲對等連接詞，故後面的動詞也應用未來式，寫成 *getting*，或 *and will get*，或去掉連接詞 and，改成不定詞 *to get*，表目的。
第 23 題	(B) They are good for people who…a group of *three* or more. → They are good for people who…a group of *two* or more. * 依句意，房價是以兩人計算，超過兩人再加價，所以應將 three 改成 two。
第 32–34 題 第 6 行 第 9 行	*I've known* the shopkeeper well. → *I know* the shopkeeper well. 或 I've known the shopkeeper *for a long time*. * 依句意，應用現在式；如果要用完成式，須將 well 去掉，並加上時間副詞 for a long time（很久）。 But how will they know *who to give*? → But how will they know *who to give it to*? 或 But how will they know *who to give coffee?* * 依句意，他們怎麼知道「要把咖啡給誰」，及物動詞 give 後面應加受詞。
第 35–37 題 第一段 第 3 行 第四段 第 1 行	…children in the future *can only see whales in pictures*. → …children in the future *will be able to see whales only in pictures*. * 依句意爲未來式。 *Tribe* whaling is not…. → *Tribal* whaling is not…. * 依句意，應用形容詞 tribal（部落的）修飾動名詞 whaling。
第 40 題	(B) He told NBN that *Paper Solider* was his work. → He told NBN that *Paper Soldier* was his work. * 原文將 Soldier（士兵）拼錯。

「心測中心」對英語科閱讀試題
第 15 題答案有爭議的説明

問：I've wanted to read *The Diary of a Young Girl* for months, _____
today I finally borrowed the book from the library.

(A) and　　　　(B) since　　　　(C) so　　　　(D) until

很多中外老師都認爲，(A) and 和 (C) so 都可以。

「心測中心」説明：

1. 此題後半句 finally 的用法，通常意指某件事在歷經某些耽擱或困難的狀況後達成。如：There were no taxis and we finally got home at 2 pm. 其搭配的連接詞通常爲 and（請參照劍橋 *English Grammar Today* 及語料庫 *Corpus of Contemporary American English*, COCA）。此題前半句語意並無任何暗示困難的情境（例如：之前一直借不到書，所以到今天才借到），使用 so 當作表示結果的連接詞並不恰當。

2. 連接詞 so 在文法上承接二個子句，說明其因果關係，如：I got here late. It was a long journey, so I'm really tired now.（請參照劍橋 *English Grammar Today*）。然本題前半句 I've wanted to read *The Diary of a Young Girl* for months 表達好幾個月來一直想看書，僅能解釋爲動機，當作原因解釋過於模糊籠統，無法明確直接與「今天終於」借書的語意連結（爲什麼是「今天」，而不是「其他日子」借書？）。

3. 此題使用 and 當連接詞，單純用來陳述事情先後，即一直想看，然後今天終於借了書，以 finally 一詞表達今天總算去借了的欣慰語氣，整體情境完整清楚，是本題的最佳答案。

4. 此題考生除了需要知道最常見的連接詞用法，也需一併了解 finally 的語意，方能作答。

5. 承上，本題維持原公布答案 (A)。

107年度國中教育會考
英文科公佈答案

閱讀

題 號	答 案
1	B
2	D
3	B
4	C
5	B
6	C
7	D
8	D
9	B
10	D
11	C
12	A
13	B
14	A
15	A
16	C
17	A
18	C
19	A
20	D
21	A

題 號	答 案
22	C
23	B
24	A
25	C
26	B
27	A
28	C
29	D
30	D
31	B
32	A
33	A
34	D
35	B
36	C
37	D
38	C
39	D
40	C
41	A

聽力

題 號	答 案
1	B
2	B
3	A
4	A
5	C
6	A
7	C
8	B
9	A
10	C
11	B
12	B
13	C
14	A
15	A
16	C
17	C
18	C
19	A
20	B
21	C

107 年國中教育會考數學科試題

第一部分：選擇題（第 1~26 題）

1. 下列選項中的圖形有一個為線對稱圖形，判斷此圖形為何？

   (A)　　　　　(B)　　　　　(C)　　　　　(D)

2. 已知 $a = (\dfrac{3}{14} - \dfrac{2}{15}) - \dfrac{1}{16}$，$b = \dfrac{3}{14} - (\dfrac{2}{15} - \dfrac{1}{16})$，$c = \dfrac{3}{14} - \dfrac{2}{15} - \dfrac{1}{16}$，

   判斷下列敘述何者正確？

   (A) $a = c$，$b = c$　　　　　　(B) $a = c$，$b \neq c$

   (C) $a \neq c$，$b = c$　　　　　　(D) $a \neq c$，$b \neq c$

3. 已知坐標平面上，一次函數 $y = 3x + a$ 的圖形通過 $(0, -4)$，

   其中 a 為一數，求 a 的值為何？

   (A) -12　　　　　　　　　　(B) -4

   (C) 4　　　　　　　　　　　(D) 12

4. 已知某文具店販售的筆記本每本售價均相等且超過 10 元，

   小錦和小勳在此文具店分別購買若干本筆記本。若小錦購買

   筆記本的花費為 36 元，則小勳購買筆記本的花費可能為下列

   何者？

   (A) 16 元　　　　　　　　　　(B) 27 元

   (C) 30 元　　　　　　　　　　(D) 48 元

5. 若二元一次聯立方程式 $\begin{cases} 7x-3y=8 \\ 3x-y=8 \end{cases}$ 的解為 $x=a$，$y=b$，

則 $a+b$ 之值為何？

(A) 24　　　　　(B) 0　　　　　(C) −4　　　　　(D) −8

6. 已知甲、乙兩袋中各裝有若干顆
   球，其種類與數量如表（一）所
   示。今阿馮打算從甲袋中抽出一
   顆球，小潘打算從乙袋中抽出一
   顆球，若甲袋中每顆球被抽出的
   機會相等，且乙袋中每顆球被抽
   出的機會相等，則下列敘述何者正確？

表（一）

	甲袋	乙袋
紅球	2 顆	4 顆
黃球	2 顆	2 顆
綠球	1 顆	4 顆
總計	5 顆	10 顆

(A) 阿馮抽出紅球的機率比小潘抽出紅球的機率大

(B) 阿馮抽出紅球的機率比小潘抽出紅球的機率小

(C) 阿馮抽出黃球的機率比小潘抽出黃球的機率大

(D) 阿馮抽出黃球的機率比小潘抽出黃球的機率小

7. 算式 $\sqrt{6} \times (\dfrac{1}{\sqrt{3}} - 1)$ 之值為何？

(A) $\sqrt{2} - \sqrt{6}$　　　　　(B) $\sqrt{2} - 1$

(C) $2 - \sqrt{6}$　　　　　(D) 1

8. 若一元二次方程式 $x^2 - 8x - 3 \times 11 = 0$ 的兩根為 a、b，
   且 $a > b$，則 $a - 2b$ 之值為何？

(A) −25　　　　　(B) −19

(C) 5　　　　　(D) 17

9. 如圖（一），△ABC 中，D 為 $\overline{BC}$ 的中點，以 D 為圓心，$\overline{BD}$ 長為半徑畫一弧交 $\overline{AC}$ 於 E 點。若 ∠A = 60°，∠B = 100°，$\overline{BC} = 4$，則扇形 BDE 的面積為何？

(A) $\dfrac{1}{3}\pi$

(B) $\dfrac{2}{3}\pi$

(C) $\dfrac{4}{9}\pi$

(D) $\dfrac{5}{9}\pi$

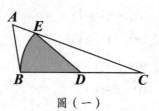

圖（一）

10. 圖（二）為大興電器行的促銷活動傳單，已知促銷第一天美食牌微波爐賣出 10 台，且其銷售額為 61000 元。若活動期間此款微波爐總共賣出 50 台，則其總銷售額為多少元？

(A) 305000　　(B) 321000

(C) 329000　　(D) 342000

美食牌微波爐

原價 7800 元　特價中
限量 50 台！
前20台 每台 再折800元

圖（二）

11. 如圖（三），五邊形 ABCDE 中有一正三角形 ACD。若 $\overline{AB} = \overline{DE}$，$\overline{BC} = \overline{AE}$，∠E = 115°，則 ∠BAE 的度數為何？

(A) 115

(B) 120

(C) 125

(D) 130

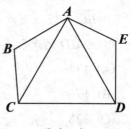

圖（三）

12. 圖（四）為 O、A、B、C 四點在數線上的位置圖，其中 O 為原點，且 $\overline{AC}=1$，$\overline{OA}=\overline{OB}$。若 C 點所表示的數為 x，則 B 點所表示的數與下列何者相等？

(A) $-(x+1)$

(B) $-(x-1)$

(C) $x+1$

(D) $x-1$

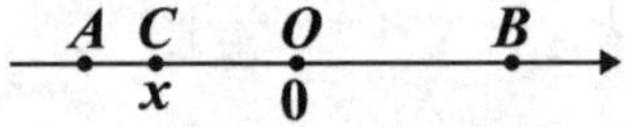

圖（四）

13. 圖（五）的宣傳單為<u>萊克印刷公司</u>設計與印刷卡片計價方式的說明，<u>妮娜</u>打算請此印刷公司設計一款母親節卡片並印刷，她再將卡片以每張 15 元的價格販售。若利潤等於收入扣掉成本，且成本只考慮設計費與印刷費，則她至少需印多少張卡片，才可使得卡片全數售出後的利潤超過成本的 2 成？

(A) 112   (B) 121   (C) 134   (D) 143

圖（五）

14. 如圖（六），I 點為 $\triangle ABC$ 的內心，D 點在 $\overline{BC}$ 上，且 $\overline{ID}$ $\perp$ $\overline{BC}$。若 $\angle B=44°$，$\angle C=56°$，則 $\angle AID$ 的度數為何？

(A) 174

(B) 176

(C) 178

(D) 180

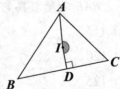

圖（六）

15. 圖（七）為一直角柱，其底面是三邊長為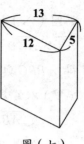
5、12、13 的直角三角形。若下列選項中
的圖形均由三個矩形與兩個直角三角形組
合而成，且其中一個為圖（七）的直角柱
的展開圖，則根據圖形中標示的邊長與直
角記號判斷，此展開圖為何？　　　圖（七）

(A) 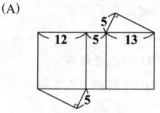 (B)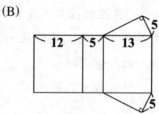

(C) 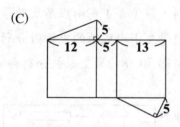 (D)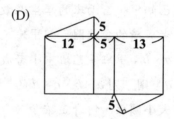

16. 若小舒從 1～50 的整數中挑選 4 個數，使其由小到大排序後
形成一等差數列，且 4 個數中最小的是 7，則下列哪一個數
不可能出現在小舒挑選的數之中？

(A) 20　　　　(B) 25　　　　(C) 30　　　　(D) 35

17. 已知 $a = 3.1 \times 10^{-4}$，$b = 5.2 \times 10^{-8}$，判斷下列關於 $a - b$ 之值的
敘述何者正確？

(A) 比 1 大　　　　　　　(B) 介於 0、1 之間

(C) 介於 −1、0 之間　　　(D) 比 −1 小

18. 如圖（八），銳角三角形 ABC 中，$\overline{BC} >$
$\overline{AB} > \overline{AC}$，甲、乙兩人想找一點 P，使
得 $\angle BPC$ 與 $\angle A$ 互補，其作法分別如下：
（甲）以 A 為圓心，$\overline{AC}$ 長為半徑畫弧
　　　交 $\overline{AB}$ 於 P 點，則 P 即為所求
（乙）作過 B 點且與 $\overline{AB}$ 垂直的直線 L，作過 C 點且與 $\overline{AC}$
　　　垂直的直線，交 L 於 P 點，則 P 即為所求
對於甲、乙兩人的作法，下列敘述何者正確？

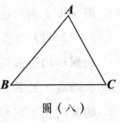

圖（八）

(A) 兩人皆正確　　　　　　(B) 兩人皆錯誤

(C) 甲正確，乙錯誤　　　　(D) 甲錯誤，乙正確

19. 已知甲、乙兩班的學生人數相同，圖（九）為兩班某次數學小
考成績的盒狀圖。若甲班、乙班學生小考成績的中位數分別為
a、b；甲班、乙班中小考成績超過 80 分的學生人數分別為 c、
d，則下列 a、b、c、d 的
大小關係，何者正確？

(A) $a > b$，$c > d$

(B) $a > b$，$c < d$

(C) $a < b$，$c > d$

(D) $a < b$，$c < d$

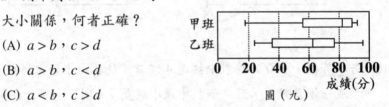

圖（九）

20. 圖（十）的矩形 $ABCD$ 中，有一點 E 在 $\overline{AD}$ 上，今以 $\overline{BE}$ 為
摺線將 A 點往右摺，如圖（十一）所示。再作過 A 點且與
$\overline{CD}$ 垂直的直線，交 $\overline{CD}$ 於 F 點，如圖（十二）所示。若 $\overline{AB}$
$= 6\sqrt{3}$，$\overline{BC} = 13$，$\angle BEA = 60°$，則圖（十二）中 $\overline{AF}$ 的長度
為何？

(A) 2
(B) 4
(C) $2\sqrt{3}$
(D) $4\sqrt{3}$

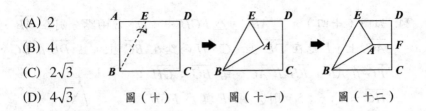

圖（十）　　　圖（十一）　　　圖（十二）

21. 已知坐標平面上有一直線 L，其方程式為 $y+2=0$，且 L 與二次函數 $y=3x^2+a$ 的圖形相交於 A、B 兩點；與二次函數 $y=-2x^2+b$ 的圖形相交於 C、D 兩點，其中 a、b 為整數。若 $\overline{AB}=2$，$\overline{CD}=4$，則 $a+b$ 之值為何？
    (A) 1　　　(B) 9　　　(C) 16　　　(D) 24

22. 如圖（十三），兩圓外切於 P 點，且通過 P 點的公切線為 L。過 P 點作兩直線，兩直線與兩圓的交點為 A、B、C、D，其位置如圖（十三）所示。若 $\overline{AP}=10$，$\overline{CP}=9$，則下列角度關係何者正確？

    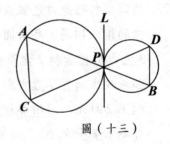

    圖（十三）

    (A) $\angle PBD > \angle PAC$　　　(B) $\angle PBD < \angle PAC$
    (C) $\angle PBD > \angle PDB$　　　(D) $\angle PBD < \angle PDB$

23. 小柔想要搾果汁，她有蘋果、芭樂、柳丁三種水果，且其顆數比為 $9:7:6$。小柔搾完果汁後，蘋果、芭樂、柳丁的顆數比變為 $6:3:4$。已知小柔搾果汁時沒有使用柳丁，關於她搾果汁時另外兩種水果的使用情形，下列敘述何者正確？
    (A) 只使用蘋果
    (B) 只使用芭樂
    (C) 使用蘋果及芭樂，且使用的蘋果顆數比使用的芭樂顆數多
    (D) 使用蘋果及芭樂，且使用的芭樂顆數比使用的蘋果顆數多

24. 如圖（十四），△ABC、△FGH 中，D、E 兩點分別在 $\overline{AB}$、$\overline{AC}$ 上，F 點在 $\overline{DE}$ 上，G、H 兩點在 $\overline{BC}$ 上，且 $\overline{DE}$ // $\overline{BC}$，$\overline{FG}$ // $\overline{AB}$，$\overline{FH}$ // $\overline{AC}$。若 $\overline{BG}$: $\overline{GH}$: $\overline{HC}$ = 4 : 6 : 5，則 △ADE 與 △FGH 的面積比為何？

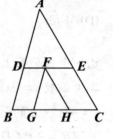

(A) 2 : 1

(B) 3 : 2

(C) 5 : 2

(D) 9 : 4

圖（十四）

25. 某商店將巧克力包裝成方形、圓形禮盒出售，且每盒方形禮盒的價錢相同，每盒圓形禮盒的價錢相同。阿郁原先想購買 3 盒方形禮盒和 7 盒圓形禮盒，但他身上的錢會不足 240 元，如果改成購買 7 盒方形禮盒和 3 盒圓形禮盒，他身上的錢會剩下 240 元。若阿郁最後購買 10 盒方形禮盒，則他身上的錢會剩下多少元？

(A) 360   (B) 480   (C) 600   (D) 720

26. 如圖（十五），坐標平面上，A、B 兩點分別為圓 P 與 x 軸、y 軸的交點，有一直線 L 通過 P 點且與 $\overline{AB}$ 垂直，C 點為 L 與 y 軸的交點。若 A、B、C 的坐標分別為 (a,0)、(0,4)、(0,-5)，其中 a < 0，則 a 的值為何？

圖（十五）

(A) $-2\sqrt{14}$ (B) $-2\sqrt{5}$

(C) -8 (D) -7

第二部分：非選擇題（第 1~2 題）

1. 一個箱子內有 4 顆相同的球，將 4 顆球分別標示號碼 1、2、3、4，今翔翔以每次從箱子內取一顆球且取後放回的方式抽取，並預計取球 10 次，現已取了 8 次，取出的結果如表（二）所列：

表（二）

次數	第1次	第2次	第3次	第4次	第5次	第6次	第7次	第8次	第9次	第10次
號碼	1	3	4	4	2	1	4	1		

若每次取球時，任一顆球被取到的機會皆相等，且取出的號碼即為得分，請回答下列問題：

(1) 請求出第 1 次至第 8 次得分的平均數。

(2) 承 (1)，翔翔打算依計畫繼續從箱子取球 2 次，請判斷是否可能發生「這 10 次得分的平均數不小於 2.2，且不大於 2.4」的情形？若有可能，請計算出發生此情形的機率，並完整寫出你的解題過程；若不可能，請完整說明你的理由。

2. 嘉嘉參加機器人設計活動，需操控機器人在 5×5 的方格棋盤上從 A 點行走至 B 點，且每個小方格皆為正方形。主辦單位規定了三條行走路徑 R_1、R_2、R_3，其行經位置如圖（十六）與表（三）所示：

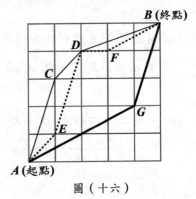

圖（十六）

表（三）

路徑	編號	圖例	行經位置
第一條路徑	R_1	——	$A \to C \to D \to B$
第二條路徑	R_2	······	$A \to E \to D \to F \to B$
第三條路徑	R_3	——	$A \to G \to B$

已知 A、B、C、D、E、F、G 七點皆落在格線的交點上，且兩點之間的路徑皆為直線，在<u>無法使用任何工具測量</u>的條件下，請判斷 R_1、R_2、R_3 這三條路徑中，最長與最短的路徑分別為何？請寫出你的答案，並完整說明理由。

參考公式：

> 📖 和的平方公式：$(a+b)^2 = a^2 + 2ab + b^2$
>
> 　差的平方公式：$(a-b)^2 = a^2 - 2ab + b^2$
>
> 　平方差公式：$a^2 - b^2 = (a+b)(a-b)$
>
> 📖 若直角三角形兩股長為 a、b，斜邊長為 c，則 $c^2 = a^2 + b^2$
>
> 📖 若圓的半徑為 r，圓周率為 π，則圓面積 $= \pi r^2$，
>
> 　圓周長 $= 2\pi r$
>
> 📖 若一個等差數列的首項為 a_1，公差為 d，第 n 項為 a_n，
>
> 　前 n 項和為 S_n，則 $a_n = a_1 + (n-1)d$，$S_n = \dfrac{n(a_1 + a_n)}{2}$
>
> 📖 一元二次方程式 $ax^2 + bx + c = 0$ 的解為 $x = \dfrac{-b \pm \sqrt{b^2 - 4ac}}{2a}$

107年國中教育會考數學科試題詳解

第一部分：選擇題（第 1～26 題）

1. **D**

   【解析】

2. **B**

   【解析】 $\because a = \dfrac{3}{14} - \dfrac{2}{15} - \dfrac{1}{16}$　　$b = \dfrac{3}{14} - \dfrac{2}{15} + \dfrac{1}{16}$

   $c = \dfrac{3}{14} - \dfrac{2}{15} - \dfrac{1}{16}$　　$\therefore a = c$，$b \neq c$

3. **B**

   【解析】 把 $(0,-4)$ 代入 $y = 3x + a$

   　　　　 得：$-4 = 0 + a$

   　　　　 $\rightarrow a = -4$

4. **D**

   【解析】 $\because$ 小錦購買筆記本的花費為 36 元，

   　　　　 又 36 的因數：1、2、3、4、6、9、12、18、36

   　　　　 且每本售價均相等且超過 10 元

   　　　　 $\therefore$ 每本筆記本可能為 <u>12元</u>、<u>18元</u> 或 <u>36元</u>

   　　　　 $\because 48 = 12 \times 4$

   　　　　 $\therefore$ 小動可能花 48 元買每本 12 元的筆記本 4 本。

5. **A**

【解析】 $\begin{cases} 7x - 3y = 8 \quad \text{———} ① \\ 3x - y = 8 \quad \text{———} ② \end{cases}$

② $\times 3 - ①：2x = 16 \to x = 8$ 代回②

得：$24 - y = 8$

$y = 16$

$\therefore a = 8 、 b = 16$

$a + b = 24$

6. **C**

【解析】 阿馮抽紅球的機率 $= \dfrac{2}{5}$，阿馮抽黃球的機率 $= \dfrac{2}{5}$

小潘抽紅球的機率 $= \dfrac{2}{5}$，小潘抽黃球的機率 $= \dfrac{1}{10}$

7. **A**

【解析】 原 $= \dfrac{\sqrt{6}}{\sqrt{3}} - \sqrt{6} = \sqrt{2} - \sqrt{6}$

8. **D**

【解析】 $x^2 - 8x - 33 = 0$

$\begin{matrix} 1 & \diagdown & +3 \\ 1 & \diagup & -11 \end{matrix}$

$x = -3 \text{ or } 11$

$\qquad\ \ \| \qquad \|$

$\qquad\ \ b \qquad a$

$\therefore a - 2b = 11 + 6 = 17$

9. **C**

【解析】

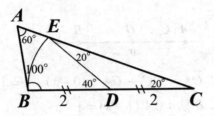

由圖知：$\angle BDE = 2\angle C = 40°$

∴ 扇形 BDE 面積 $= (\pi \times 2^2) \times \dfrac{40°}{360°} = \dfrac{4}{9}\pi$

10. **C**

【解析】設特價 x 元

又前 20 台再折 800 元/台

∴ $(x - 800) \times 10 = 61000$

　→ $x - 800 = 6100$

　→ $x = 6900$

∴ 總銷售額 $= 6900 \times 50 - 800 \times 20 = 329000$

11. **C**

【解析】

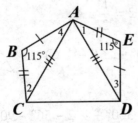

∵ $\triangle ABC \cong \triangle DEA$ (SSS)

∴ $\angle 1 = \angle 2$、$\angle 3 = \angle 4$

又 $\angle 1 + \angle 3 = 65° = \angle 1 + \angle 4$

∴ $\angle BAE = \angle 4 + 60° + \angle 1 = 125°$

12. **B**

【解析】

$$\overline{OA} = \overline{OC} + \overline{CA} = (0 - x) + 1 = 1 - x = \overline{OB}$$

∴ B 點：$0 + (1 - x) = 1 - x$

13. **C**

【解析】 設妮娜印 x 張卡片，則成本為 $(5x + 1000)$ 元

∴ $15x - (5x + 1000) > 0.2 (5x + 1000)$

$10x - 1000 > x + 200$

$9x > 1200$

$x > 133\dfrac{1}{3}$

∴ x 最小整數值 = 134

14. **A**

【解析】 ∵ I 為內心

∴ $\angle 1 = \angle 2 = \dfrac{1}{2} \angle A$

$= \dfrac{1}{2} (180° - \angle B - \angle C)$

$= 40°$

∴ $\angle AID = 360° - \angle 2 - 56° - 90° = 174°$

15. **D**

【解析】 由圖知 (D) 滿足：$5^2 + 12^2 = 13^2$

16. **C**

【解析】 (A) 7、20、33、46　（合）

(B) 7、16、25、34　（合）

(C) 30 不合

(D) 7、21、35、49　（合）

17. **B**

【解析】 $a - b$

$= 3.1 \times 10^{-4} - 0.00052 \times 10^{-4}$

$= 3.09948 \times 10^{-4}$

∴ 介在 0～1 之間

18. **D**

【解析】

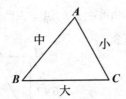

（甲）

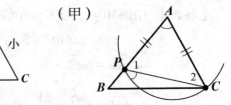

若 $\angle BPC + \angle BPC = 180°$

又 $\angle BPC + \angle 1 = 180°$　　∴ $\angle 1 = \angle A$

又 $\overline{AP} = \overline{AC} \rightarrow \angle 1 = \angle 2$

∴ $\angle 1 = \angle A = \angle 2 = 60°$

但 △ABC 中，$\overline{BC}$ 最大邊

∴ $\overline{BC}$ 的對角 $\angle A$ 必為最大角

∴ 不可能 $\angle A = 60°$

∴ 甲不對。

（乙）

∴ 在四邊形 *ABPC* 中

∵ ∠*ABP* + ∠*ACP* = 180°

∴ ∠*A* + ∠*BPC* = 180°

∴ 乙對。

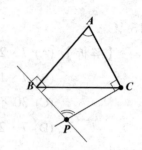

19. **A**

【解析】 由圖知：$a > 80$，$b < 80$

$c > $ 全班人數的一半

$d < $ 全班人數的一半

∴ $a > b$，$c > d$

20. **B**

【解析】 由圖知：∠*ABE* = 90° − ∠*BEA* = 30°

∠*ABC* = 30°

∴ $\overline{AB} = 6\sqrt{3}$、

$\overline{BH} = 6\sqrt{3} \times \dfrac{\sqrt{3}}{2} = 9$

∴ $\overline{CH} = 13 - 9 = 4 = \overline{AF}$

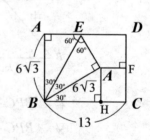

21. **A**

【解析】 把 $y = -2$ 代入 $y = 3x^2 + a$

$y = -2x^2 + b$

得：$-2 = 3x^2 + a \rightarrow x^2 = \dfrac{-2-a}{3} \rightarrow x = \pm\sqrt{\dfrac{-2-a}{3}}$

$$-2 = -2x^2 + b \rightarrow x^2 = \frac{-2-b}{-2} \rightarrow x = \pm\sqrt{\frac{-2-b}{-2}}$$

又 $\overline{AB} = 2$，$\overline{CD} = 4$

$$\therefore \sqrt{\frac{-2-a}{3}} = 1 \text{ 且 } \sqrt{\frac{-2-b}{-2}} = 2$$

$$\rightarrow \begin{matrix} a = -5 \\ b = 6 \end{matrix} \rightarrow a + b = 1$$

22. **D**

【解析】 $\because \overline{AP} > \overline{CP}$

$\therefore \angle C > \angle A$

又 $\angle C = \angle 1 = \angle 3 = \angle D$

$\angle A = \angle 2 = \angle 4 = \angle B$

$\therefore \angle D > \angle B$

23. **B**

【解析】 設原有蘋果 $9k$ 顆、芭樂 $7k$ 顆、柳丁 $6k$ 顆

後來蘋果 $6t$ 顆、芭樂 $3t$ 顆、柳丁 $4t$ 顆

（$k \neq 0$，$t \neq 0$）

$\because$ 沒用柳丁　$\therefore 6k = 4t$

$\therefore k : t = 2 : 3$

$\therefore$ 設 $k = 2p$，$t = 3p$（$p \neq 0$）　代回

得：原來蘋果：$18p$、芭樂：$14p$、柳丁：$12p$

後來蘋果：$18p$、芭樂：$9p$、柳丁：$12p$

$\therefore$ 可知只使用芭樂

24. **D**

　　【解析】　由題意知：

　　　　　　$\triangle ADE \sim \triangle FGH$ (AA)

　　　　　　邊長比　9：6

　　　　　　　　　＝　3：2

　　　　　　∴ 面積比　9：4

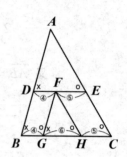

25. **C**

　　【解析】　設每盒方形禮盒 x 元

　　　　　　　　　　圓形禮盒 y 元

　　　　　　∴ 身上原有的錢數 $= 3x + 7y - 240 = 7x + 3y + 240$

　　　　　　$\rightarrow 4x - 4y = -480$

　　　　　　$\rightarrow x - y = -120 \rightarrow y = x + 120$　代回

　　　　　　得：$3x + 7(x + 120) - 240 = 10x + 600 \rightarrow$ 可知

　　　　　　剩 600 元

26. **A**

　　【解析】　連接 $\overline{AC}$

　　　　　　∵ L 為 $\overline{AB}$ 的中垂線

　　　　　　∴ $\overline{AC} = \overline{BC} = 9$

　　　　　　在 $\triangle AOC$ 中

　　　　　　$\overline{AO} = \sqrt{9^2 - 5^2}$

　　　　　　　　　$= \sqrt{56} = 2\sqrt{14}$

　　　　　　∴ $A(-2\sqrt{14}, 0)$

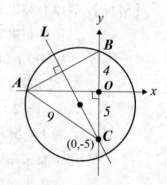

第二部分：非選擇題（第 1~2 題）

1. 【答案】如詳解

   【解析】 (1) 由表（二）可知：第 1 次至第 8 次得分的

   平均數為 $(1 + 3 + 4 + 4 + 2 + 1 + 4 + 1) \div 8$

   $= 20 \div 8 = 2.5$ (分)

   (2) 樹狀圖如下：

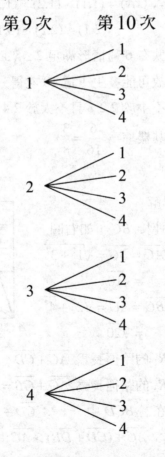

第 9 次　　　第 10 次

$4 \times 4 = 16$

設第 9 次號碼為 x，第 10 次號碼為 y，

依題意可得：

$$2.2 \leq \frac{(20+x+y)}{10} \leq 2.4$$

$$22 \leq 20+x+y \leq 24$$

$$2 \leq x+y \leq 4$$

$$\therefore (x,y) = (1,1) \cdot (1,2) \cdot (1,3) \cdot$$
$$(2,1) \cdot (2,2) \cdot (3,1)$$

共有 6 種情形滿足 $2 \leq x+y \leq 4$

故可能發生「這 10 次得分的平均數

不小於 2.2，且不大於 2.4 的情況」，

其機率為 $\dfrac{6}{16} = \dfrac{3}{8}$

2. 【答案】 如詳解

　【解析】 (1) 連接 $\overline{BC}$，如右圖

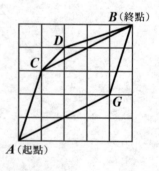

$$\overline{AC} = \overline{BG} = \sqrt{1^2 + 3^2}$$
$$= \sqrt{10}$$
$$\overline{BC} = \overline{AG} = \sqrt{2^2 + 4^2}$$
$$= \sqrt{20}$$

R_1 的路徑長為 $\overline{AC} + \overline{CD} + \overline{DB}$

R_3 的路徑長為 $\overline{AG} + \overline{GB} = \overline{BC} + \overline{AC}$

在 $\triangle BCD$ 中　　$\because \overline{CD} + \overline{DB} > \overline{BC}$

$\therefore \overline{AC} + (\overline{CD} + \overline{DB}) > \overline{AC} + \overline{BC}$

即 R_1 的路徑長 > R_3 的路徑長

(2) 如右圖，

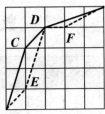

$\overline{AC} = \overline{ED} = \sqrt{1^2 + 3^2}$

$\qquad = \sqrt{10}$

$\overline{CD} = \overline{AE} = \sqrt{1^2 + 1^2}$

$\qquad = \sqrt{2}$

R_1 的路徑長為

$\overline{AC} + \overline{CD} + \overline{DB}$

R_2 的路徑長為 $\overline{AE} + \overline{ED} = \overline{DF} + \overline{FB}$

$= \overline{CD} + \overline{AC} + \overline{DF} + \overline{FB}$

在 $\triangle BDF$ 中

$\because \overline{DF} + \overline{FB} > \overline{DB}$

$\therefore (\overline{CD} + \overline{AC}) + (\overline{DF} + \overline{FB}) > (\overline{CD} + \overline{AC}) + \overline{DB}$

即 R_2 的路徑長 $> R_1$ 的路徑長

由 (1)、(2) 可知：

R_2 的路徑長 $> R_1$ 的路徑長 $> R_3$ 的路徑長

即最長的路徑為 R_2，

最短的路徑為 R_3。

107年度國中教育會考
數學科公佈答案

題　號	答　案	題　號	答　案
1	D	16	C
2	B	17	B
3	B	18	D
4	D	19	A
5	A	20	B
6	C	21	A
7	A	22	D
8	D	23	B
9	C	24	D
10	C	25	C
11	C	26	A
12	B		
13	C		
14	A		
15	D		

107年國中教育會考社會科試題

一、單題：(1～56題)

1. 塑膠製品進入海洋後易隨著海流漂流，例如有許多塑膠垃圾隨著北大西洋暖流漂到北極地區，冰封在冰層中，使得該區成為塑膠垃圾的儲存槽。下列何國沿海的垃圾最可能會隨著上述洋流漂流到北極地區？
   (A) 日本
   (B) 波蘭
   (C) 智利
   (D) 挪威

2. 為保護臺灣的海岸環境，《海岸管理法》於2015年公布施行，其中濱海陸地的劃設是以最接近海岸線的山脊線為主，如果山脊線距離海岸線超過3公里，則以最接近海岸線的省道、濱海道路或行政區界等劃設。下列哪一行政區的濱海陸地最可能大多依據山脊線劃設？

   📖 山脊線：山脊的連線。

   (A) 桃園市
   (B) 彰化縣
   (C) 高雄市
   (D) 臺東縣

3. 中國於1970年代末推動的改革開放政策，帶動經濟快速成長，但是卻加深區域發展失衡現象。下列關於中國的新聞報導，何者最能反映中國區域發展不均的現象？
   (A) 今年出現的多起沙塵暴，已直接威脅北京、上海及南京等大都市
   (B) 推動海上絲路計畫，發展從中國沿海港口經印度洋至歐洲的航線

(C) 農曆春節將湧現數億人次返鄉人潮，堪稱地表最大規模的人口移動

(D) 南方近年降雨減少，旱象環生，南水北調將威脅南方用水的供應量

4. 圖（一）是臺灣 1958 至 2013 年某種自然災害發布預警的各月總計次數分布圖，根據圖中各月的次數分布，該種自然災害的成因應為下列何者？

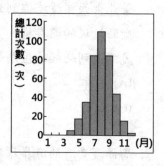

圖（一）

(A) 板塊擠壓造成岩層變形或破裂

(B) 熱帶洋面上低氣壓增強後侵襲

(C) 冷、暖氣團交會形成鋒面滯留

(D) 源自蒙古高氣壓區的氣團南下

5. 世界主要宗教有基督教、佛教、印度教和伊斯蘭教。表（一）為 2010 年上述各宗教的信仰者在世界各地分布的百分比，表中何者為穆斯林？

表（一）

地區＼宗教信仰者	甲	乙	丙	丁
歐洲	25.7	2.7	0.1	0.3
北美洲	12.3	0.2	0.2	0.8
中南美洲	24.4	0.1	<0.1	0.1
撒哈拉以南非洲	23.8	15.5	0.2	<0.1
中東和北部非洲	0.6	19.8	0.2	0.1
亞洲及太平洋地區	13.2	61.7	99.3	98.7
合計	100.0	100.0	100.0	100.0

單位：%

(A) 甲

(B) 乙

(C) 丙

(D) 丁

6. 鈞憶將圖（二）中的五張卡片分為圖（三）中的三類，其分類的依據最可能是下列何者？

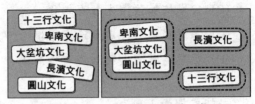

圖（二）　　　　　　　圖（三）

(A) 製作器物的技術

(B) 文字發展的程度

(C) 居住區域的位置

(D) 使用貨幣的類型

7. 圖（四）呈現某一時期中外交流概況，下列何者符合該時期的往來情形？

圖（四）

(A) 雙方以紙幣作為交易的媒介

(B) 伊斯蘭教隨著商人傳入中國

(C) 西方出口玉米、番薯等作物

(D) 中國以絲綢為主要輸出商品

8. 圖（五）是呈現某古代文明政治運作特色的示意圖，此古文明最可能是下列何者？

圖（五）

(A) 蘇美　　　　(B) 埃及

(C) 雅典　　　　(D) 波斯

9. 二十世紀初期，霍亂、瘧疾等傳染病在臺灣相當普遍，對當時政府而言，防治傳染病是刻不容緩的議題。下列何者最不可能是當時官方及民間採行的措施？

(A) 政府實施全民健康保險

(B) 公學校加強衛生教育課程

(C) 保甲要求居民定期清潔環境

(D) 警察協辦衛生及防疫宣導演講

10. 老師在課堂上用表（二）講解某一主題，根據內容判斷，此主題最可能是下列何者？

表（二）

時間	事件
1220年代	★擊敗中亞的花剌子模
1230年代	★消滅金國 ★占領今日俄羅斯、烏克蘭等地
1240年代	★攻入今日東歐地區

(A) 清帝國的版圖拓展　　(B) 阿拉伯勢力的發展

(C) 鄂圖曼土耳其的擴張　　(D) 蒙古民族的對外征服

11. 曾被飼養的流浪動物對人類較無戒心，但此特點卻被某些人利用，他們不但虐待流浪貓、狗，還將過程拍成影片上傳到網路平臺供人觀賞。雖然違法者多已受到法律制裁，但憾事卻難以挽回。上述案例凸顯下列何者的重要性？

(A) 辨識媒體傳播資訊的真偽

(B) 生命無貴賤之分皆應被尊重

(C) 資訊流通應避免侵害他人隱私

(D) 重視環境保護以維護生物多樣性

12. 下列是三位行政首長的發言內容：

甲縣縣長：「感謝縣議會的支持，本縣領先全國引進熱氣球活動，創造商機。」

乙市市長：「因應颱風來襲，為維護市民財產安全，本市今晚開放市區紅線停車。」

丙縣縣長：「未來是否在本縣設置觀光賭場，我們將交由縣民以公投方式決定。」

上述三位首長的發言內容，最足以彰顯下列何項概念？

(A) 中央集權　　　　　　(B) 責任政治

(C) 三權分立　　　　　　(D) 地方自治

13. 圖（六）呈現出某項法律規定施行前、後，幸福社區公告內容的變化，根據圖中訊息判斷，該法律最可能是下列何者？

(A) 《民法》

(B) 《消費者保護法》

(C) 《社會秩序維護法》

(D) 《個人資料保護法》

幸福社區公告：管理費繳納情形(100年9-10月)	
9號1樓 王大銘 尚未繳納	9號2樓 陳小刀 3,000元
9號3樓 廖小瑜 3,000元	9號4樓 劉大豪 3,000元
請尚未繳納的住戶儘速繳納	

幸福社區公告：管理費繳納情形(101年11-12月)	
9號1樓 王○○ 3,000元	9號2樓 陳○○ 3,000元
9號3樓 廖○○ 尚未繳納	9號4樓 劉○○ 3,000元
請尚未繳納的住戶儘速繳納	

圖（六）

14. 政府為因應失業問題，除了提供失業給付外，更積極協助失業者參與職業訓練，並提供就業資訊，以增加他們就業的機會。上述政府作為所要保障的人民基本權利類型，與下列何者最類似？

(A) 接受國民教育提升國民素質

(B) 組織政治團體表達民意訴求

(C) 投票罷免失職民選公職人員

(D) 遷移居住地至新工作地點旁

15. 圖（七）為阿嘉2015年10月的財務記錄。根據圖中資料判

斷，阿嘉該月的投資報酬

率，可透過下列哪兩項記

錄內容得知？

(A) 甲、丙　　(B) 甲、丁

(C) 乙、丙　　(D) 乙、丁

> 2015年10月財務記錄：
> 甲、月初時總共有現金40萬元。
> 乙、拿出30萬元現金進行投資。
> 丙、投資結果共獲利了10萬元。
> 丁、現金因獲利增加為50萬元。

圖（七）

16. 2015年底，某會議歷經長時間的磋商，終於達成一份取代《京都議定書》的協議，預期將改變人類長期以來的經濟發展與生活型態。下列何者應是該協議的主要目的？

(A) 協調國際間的水資源衝突　　(B) 推動瀕臨滅絕物種的復育

(C) 避免臭氧層持續遭受破壞　　(D) 控制全球氣溫上升的度數

17. 各地聚落的形成與發展成因各不相同，下列哪個地區的聚落形成或發展與水源取得的多寡，其相關性最高？

(A) 南洋群島的沿海地區

(B) 中國 新疆的山麓地帶

(C) 美國的東北部沿海地帶

(D) 南美洲低緯地區的高地

18. 有一專門收錄世界各地大自然聲音的網站，只要點選地圖上的標記，就可以聽到當地各種自然界的聲音。當點選圖（八）中的甲標記時，最可能聽到下列何種聲音？

圖（八）

(A) 熱帶雨林中青蛙的鳴叫聲

(B) 廣闊莽原上獅子的怒吼聲

(C) 海上浮冰撞擊和摩擦的聲音

(D) 沙漠中強風吹起沙塵的聲音

19. 甲國的石油產量並不高,卻因重要的交通位置而足以影響國際油價,其所臨的海峽一旦被封鎖,將導致波斯灣油輪經紅海至蘇伊士運河的運輸受阻,而北非的石油通往亞洲市場則必須繞行經過南非,增加運輸時間與成本。下列何者是甲國正確位置的標示?

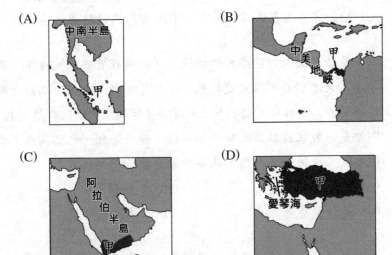

20. 根據中國氣象局的入春標準,連續五天的日均溫大於或等於 10℃,以第一天作為春季開始的日期。表(三)為武漢、哈爾濱、北京進入春季的起始日期,若僅考慮緯度的影響,根據表中資料判斷,甲、乙、丙依序為下列何者?

表(三)

都市	起始日期
甲	4 月 26 日
乙	3 月 16 日
丙	4 月 1 日

(A) 北京、哈爾濱、武漢　　　(B) 北京、武漢、哈爾濱

(C) 哈爾濱、武漢、北京　　　(D) 哈爾濱、北京、武漢

21. 「第一次世界大戰結束後，帝國主義國家多遭逢殖民統治的困境，包括如何面對殖民地蓬勃發展的民族運動，及如何繼續利用殖民地的資源以擴張經濟。」針對上述局勢，當時的統治者在臺灣採取下列何項措施？

(A) 頒布「六三法」　　　　　(B) 征討臺灣民主國

(C) 開始建造縱貫鐵路　　　　(D) 實行內地延長主義

22. 以下是清末文人對某事件的描述：「當時在官府的默許下，群眾進入天津租界，縱火焚燒教堂、房屋，於是各街市店鋪有販售洋貨者，皆用紅紙將招牌上的『洋』字糊上，以防群眾焚掠。即便是一般家庭日用之物，如洋燈、鐘錶等類，也都掩藏不敢使用。」根據上文判斷，此事件最可能是下列何者？

(A) 鴉片戰爭　　　　　　　　(B) 英法聯軍

(C) 義和團事變　　　　　　　(D) 太平天國起事

23. 十九世紀的馬克思共產主義學說與小說家狄更斯寫實主義作品，對當時人們的思想有極大的影響力，下列何者最可能是二人在學說及作品上的主要共同點？

(A) 支持歐洲帝國主義在各地殖民擴張

(B) 強調個人情感抒發與崇拜英雄事蹟

(C) 對法西斯政權的專制作為表示質疑

(D) 對工業革命下的歐洲社會提出反省

24. 以下是某政權統治臺灣期間的對外貿易策略：

> 一、將蔗糖、鹿皮輸往日本，再從日本購買銅、鉛和武器。
>
> 二、1670 年代，與英國達成通商協議，允許英國在安平設立商館。
>
> 三、持續與東南亞地區的呂宋（今菲律賓）、暹羅（今泰國）等地進行貿易。

上述作法主要減緩當時中國何項措施所帶來的威脅？
(A) 設立市舶司
(B) 實施海禁政策
(C) 頒布渡臺禁令
(D) 限定廣州一口通商

25. 「這個朝代開國以來一向尊崇道教，同時對於不同宗教也抱持包容的態度，天竺（今印度）、新羅、日本等地的佛教僧侶都會來到首都長安，進行宗教交流。但後來朝廷態度有所轉變，開始強化對其他宗教的管制，毀去數以千計的佛教寺院，並沒收寺院田產，要求僧尼還俗，連祆教及在此朝代傳入的摩尼教等宗教，也被認為是邪教，而被禁止。」根據內容判斷，這最可能在描述下列哪一朝代曾經出現的情況？

(A) 漢朝　　　(B) 唐朝　　　(C) 元朝　　　(D) 清朝

26. 某位司法院大法官卸任後整理了自己在任內的日記，其內容記錄自己在這份工作中的重要經歷。下列哪一段敘述內容，最可能出現在他的日記中？
(A) 為了能夠繼續服務鄉親，我決定再競選連任
(B) 我們經過討論後，決議對相關部會提出糾正案
(C) 經院長提請總統任命後，我成為執政團隊的一員
(D) 我們進行的釋憲工作，相信能進一步保障民眾權益

27. 阿明悶悶不樂地說：「我父親上禮拜過世了，他留下一大筆債務，不知怎麼辦？」阿樂：「別擔心，根據現在《民法》規定，……，所以你就不用煩惱了。」根據上述對話判斷，下列何者最可能是阿樂所指的法律規定？
(A) 借貸契約違反善良風俗而失效
(B) 遺產繼承原則上採取限定繼承
(C) 遺產繼承者無償還債務的義務
(D) 債權人禁止向繼承者請求償債

28. 好喫茶飲所屬的臺北店及高雄店，依據市場供需狀況而調整店內珍珠奶茶的價格，其中臺北店調漲，而高雄店調降。若以「○」代表 500 杯商品數量，則這兩家店於價格調整前的珍珠奶茶供需情況，最可能為下列何者？

(A)

	需求量	供給量
臺北店	○	○○
高雄店	○	○○

(B)

	需求量	供給量
臺北店	○○○	○○
高雄店	○○○	○

(C)

	需求量	供給量
臺北店	○	○○
高雄店	○○○	○○

(D)

	需求量	供給量
臺北店	○○○	○○
高雄店	○	○○

29. 近年來，「開放政府資料」的議題逐漸受到重視，公部門所開放資料的項目、瀏覽人數，及資料被下載次數也屢創新高，民眾可透過取得政府資訊，監督政府施政。未來，政府也研擬在不涉及機密的情況下，公開更多的資訊。上述政府的作法，有助於落實下列何種目標？

(A) 提升人民的資訊倫理素養　(B) 強化分權制衡的監督機制
(C) 提供政治參與的多元管道　(D) 增進媒體教育文化的功能

30. 新聞報導：「某知名人士疑似涉及不法活動，經檢察官偵查後提起公訴，全案目前正由臺北地方法院審理中。」對於上述訴訟案件，法院最不可能出現下列何種判決結果？
(A) 處以有期徒刑　(B) 宣告褫奪公權
(C) 處以高額罰鍰　(D) 沒收犯罪所得

31. 根據統計，印尼的海岸線長度排名世界第二位，比俄羅斯還長，其原因最可能為下列何者？
(A) 峽灣海岸曲折　(B) 島嶼數量眾多
(C) 國土面積較大　(D) 所處緯度較低

32. 圖（九）為某區域的等高線地形圖，「✕」是建於河流上的水庫。圖中甲、乙、丙、丁發生的大規模崩塌，何者對該水庫水質的影響最大？
(A) 甲
(B) 乙
(C) 丙
(D) 丁

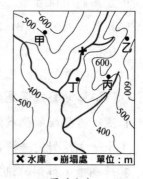

圖（九）

33. 表（四）為 2014 年中國、美國、印度和巴基斯坦的棉花生產與消費資料。已知棉花的消費主要用在製造紡織產品，而棉紡織工廠多設在勞力較為低廉的地方。根據表中資料判斷，何者應為美國？

表（四）

國家	國內棉花生產量	國內棉花消費量
甲	713.1	751.2
乙	675.0	508.4
丙	281.1	77.3
丁	206.8	226.4

(A) 甲　　　　(B) 乙　　　　(C) 丙　　　　(D) 丁

34. 圖（十）為中國已興建或規畫中的
油氣管道，其中某一管道途經高山
峻嶺、溼熱叢林、地震活躍帶、發
達的石灰岩地形，並跨越多條國際
河流，因此建設難度相當高。該管
道應為圖中何者？

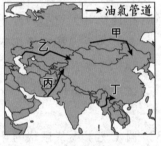

圖（十）

(A) 甲　　　　(B) 乙
(C) 丙　　　　(D) 丁

35. QR Code 是目前常見的一種二維條碼。利用手機對準 QR Code
拍照，再搭配解碼軟體，就可以顯示條碼內儲存的訊息。圖
（十一）是針對臺灣某國家公園特色所設計的 QR Code，將
其解碼後，得到的訊息最
可能包括下列何者？

(A) 雄偉壯麗的峽谷景觀
(B) 珊瑚礁堆砌的防風牆
(C) 火山活動形成的噴氣孔

圖（十一）

(D) 傳統的閩南式建築聚落

36. 右列是臺灣某時期對於訂定街道名稱的規定，根據內容判斷，頒布此一規定的最可能是下列何者？

> 一、街道名稱具有紀念日本人物、展現日本國威、明顯為日本名稱者，應予改正。
> 二、新街道名稱應具有下列意義：
> ● 發揚中華民族精神：信義路、和平路等。
> ● 宣傳三民主義：三民路、民權路等。
> ● 紀念國家偉大人物：中山路等。

(A) 臺灣府
(B) 臺灣總督府
(C) 臺灣省行政長官公署
(D) 荷蘭 聯合東印度公司

37. 以下是中國某朝代對外關係的介紹：「此王朝中期以後，先前曾遠達非洲東岸的官方遠洋航行，早已因無法負荷龐大的支出而終止；東部沿海地區遭海盜劫掠，朝廷往往束手無策。幾任皇帝雖修整傾頹的長城，依然抵擋不住北方蒙古族的侵擾。」該朝代最可能是下列何者？

(A) 南宋
(B) 元代
(C) 明代
(D) 清代

38. 以下是一位旅行者在上海的見聞：「上海的工廠地帶可以看到轟炸的痕跡，有來到了戰場的感覺。但是如果來到租界區，興盛的商業中心立即映入眼中。在此，歐、美國家的主要銀行林立，國民政府的官方銀行—中央銀行，以及中國銀行、交通銀行等仍然繁忙地繼續營業，處理租界區內法幣的發行與交易。」此人最可能是在下列何時參訪上海？

(A) 1830 年代
(B) 1890 年代
(C) 1930 年代
(D) 1990 年代

39. 表（五）是某時期官方所播放的時事宣傳影片，根據內容判斷，這些影片最可能在下列何時何地播放？

(A) 第一次世界大戰期間的北京

(B) 第一次世界大戰期間的東京

(C) 第二次世界大戰期間的臺北

(D) 第二次世界大戰期間的重慶

表（五）

影 片 名 稱
德國空軍與英國艦隊壯烈的交戰
日德義同盟
納粹德國國防軍的活躍
慶祝滿洲建國十週年
夏威夷大空襲

40. 有些大學生為了節省開銷而使用盜版教科書，嚴重影響圖書業者的權益，因此某圖書協會向政府陳情，希望能修法將盜印書籍的行為，由告訴乃論改為非告訴乃論之罪。根據上述內容判斷，下列敘述何者正確？

(A) 文中團體所行使的人民基本權利為訴願權

(B) 能實現該團體要求的中央政府機關為司法院

(C) 文中大學生若被提告，將可能要負起行政責任

(D) 若修法通過，盜印書籍紛爭就不再能以調解解決

41. 阿倫上學途中，路過某候選人的競選總部，看到了「28歲新人，開創地方行政新氣象」的標語；放學回家，又經過另一位候選人的競選總部，懸掛著「評鑑第一名的民意代表，懇請支持連任」的布條。圖（十二）是阿倫家周邊環境示意圖，根據圖中內容判斷，下列何者最可能是阿倫上學、放學的路線？

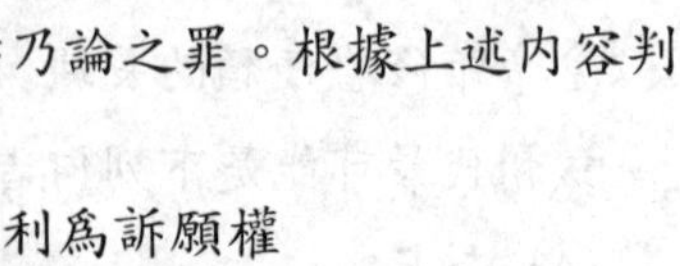

各競選總部位置及該候選人所參選的公職職稱：
① 縣長
② 縣議員
③ 鄉長
④ 鄉民代表

圖（十二）

(A) 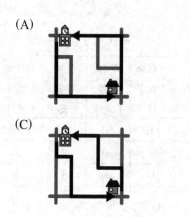　(B)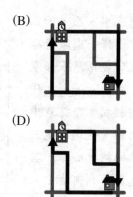

(C)　(D)

42. 《道路交通管理處罰條例》已依法修正通過，其中新增了舉發期限規定，即民眾檢舉違規行為，自違規日起算不得超過七天，否則不受理舉發。根據上述內容判斷，下列敘述何者正確？
(A) 通過文中規定的機關亦可統一解釋法律
(B) 修正內容通過後依法應由總統公布施行
(C) 民眾可直接向地方法院舉發上述違規行為
(D) 上述修正內容施行後將減少政府租稅收入

43. 圖（十三）為曉明的家庭示意圖，曉明與朋友聊天中提到，自己與家中成員的關係皆為血親關係。若以 ■ 代表男性，○代表女性，線段 —— 代表婚姻關係，箭頭 → 代表親子關係，則曉明最可能是圖中哪一個位置？
(A) 甲
(B) 乙
(C) 丙
(D) 丁

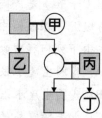

圖（十三）

44. 小文想在甲、乙、丙三景點中選擇一處販售冷飲，他的評估結果如表（六）所示。若小文僅考量總利潤，根據表中內容判斷，他選擇這三處景點的機會成本，其排序應爲下列何者？

表（六）

景點	一日販售數量（杯）	每杯售價（元）	營業日數（天）	一日營業成本（元）
甲	110	50	2	1000
乙	90	30	4	600
丙	100	40	3	800

(A) 丙＞甲＞乙
(B) 乙＞甲＞丙
(C) 甲＝乙＞丙
(D) 丙＞甲＝乙

45. 圖（十四）中甲、乙、丙、丁哪兩位同學的發言符合《會議規範》的規定？

圖（十四）

(A) 甲、丁　　(B) 乙、丙　　(C) 甲、丙　　(D) 乙、丁

46. 圖（十五）是民國 93 年至 97 年，我國水果類農產品的國際貿易概況。根據圖中內容，可觀察出下列何種現象？

(A) 我國生產水果具絕對利益
(B) 我國生產水果具比較利益
(C) 水果類貿易呈現入超狀態
(D) 水果類貿易呈現出超狀態

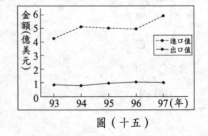

圖（十五）

47. 圖（十六）是甲、乙、丙三個國家關於人口的部分資料。圖中
內容顯示，丙國數值與甲、乙二國的差距隨時間逐漸擴大，關
於丙國的此種現象，下列何
項政策的影響程度最高？
    (A) 提供幼兒生活補助津貼
    (B) 修改法規延後退休年齡
    (C) 推動長期老人安養服務
    (D) 夫妻協商決定子女姓氏

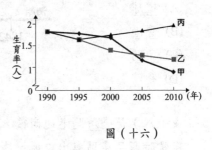

圖（十六）

48. 圖（十七）為農委會在 2015 年所推出的活動，其主要目的為
下列何者？
    (A) 推動地方公共造產
    (B) 增加單位面積產量
    (C) 強化農產出口競爭力
    (D) 提升農業的附加價值

跟著水果去旅行
11月 南投埔里草原花卉鮮果嘉年華
12月 苗栗大湖戀戀草莓季
1月 南投水里蕉遊趣
2月 宜蘭員山採金棗嚐新鮮
3月 臺東卑南後花園採釋迦
4月 臺中新社蜜桃成熟好採桃

圖（十七）

49. 表（七）列出 2010 年臺灣的原住民族常住人口，在北、中、南、
東四大區域的前三大族，根據臺灣原住民分布判斷，表中何者
為東部區域？

表（七）

甲	乙	丙	丁
阿美族 (52.5%)	布農族 (27.1%)	排灣族 (54.9%)	阿美族 (43.3%)
太魯閣族 (13.8%)	泰雅族 (26.2%)	阿美族 (14.8%)	泰雅族 (28.5%)
布農族 (7.9%)	阿美族 (16.4%)	布農族 (9.4%)	排灣族 (9.3%)

註：括弧內百分比為各原住民族人口占該區原住民族總人口的百分比

　(A) 甲　　　　　(B) 乙　　　　　(C) 丙　　　　　(D) 丁

50. 圖（十八）呈現的是某地不同時期統治者的演變情況，此地最可能是下列何者？

(A) 琉球

(B) 香港

(C) 澳門

(D) 臺灣

圖（十八）

51. 表（八）是臺灣開港通商後，部分洋行在臺的營運狀況。若考慮當時商品產區與出口地，這些洋行最可能皆設置於圖（十九）中何處？

表（八）

名稱	主要出口商品
寶順洋行	茶
美利士洋行	樟腦
公泰洋行	樟腦
費爾‧哈士迪斯洋行	樟腦、煤

圖（十九）

(A) 甲 　　(B) 乙 　　(C) 丙 　　(D) 丁

52. 阿德去甲國旅遊，在個人社群網站的記錄概要如圖（二十），根據圖中內容判斷，下列何者最可能符合甲國的情況？

(A) 實施內閣制度

(B) 屬於民主共和國

(C) 政黨制度為兩黨制

(D) 國會最大黨為幸福黨

圖（二十）

53. 圖（二十一）是 1920 年至 1940 年美國「非農業就業人口數」的統計圖，其中由 A 至 B 的變化，主要與下列何者有關？

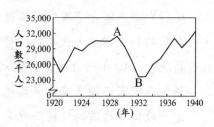

圖（二十一）

(A) 黑人奴隸獲得解放，投入工業生產

(B) 政府施行福利政策，保障勞工生活

(C) 國家投入大戰，青年至海外作戰

(D) 銀行與工廠倒閉，社會經濟衰退

> 📖 非農業就業人口數：指從事農業以外的就業人口數，主要指製造業及服務業。

54. 十六世紀時，這個國家積極向外征服，在其殖民地修築了許多城堡，如圖（二十二）所示。當時這個國家也曾在圖（二十三）中甲、乙、丙、丁何處建立城堡？

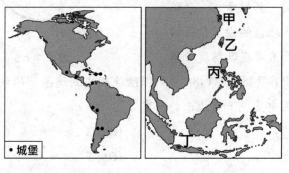

圖（二十二）　　　　圖（二十三）

(A) 甲

(B) 乙

(C) 丙

(D) 丁

55. 現行<u>中華民國身分證</u>統一編號的首碼為大寫的英文字母，代表初次登記時的戶籍地。2010 年行政區合併改制後，部分縣的代碼因而停止發行。圖（二十四）是行政區合併前的地圖與部分縣的英文代碼，下列哪一英文代碼還有可能出現在 2018 年新生兒的身分證統一編號中？

(A) J

(B) L

(C) R

(D) S

圖（二十四）

56. 十五世紀開始，許多<u>歐洲</u>探險家出海探尋通往<u>亞洲</u>的新航路。圖（二十五）是十五世紀至十八世紀部分<u>歐洲</u>探險家到達地區的示意圖，其標示方式僅依照這些地區的經度位置排列，而未考慮其緯度位置。

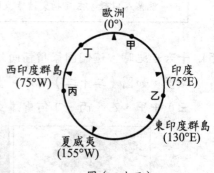

圖（二十五）

<u>狄亞士</u>在 1487 至 1488 年的探險旅程中到達某洲的最南端，若要在圖中呈現，應標示於何處？

(A) 甲

(B) 乙

(C) 丙

(D) 丁

二、題組：（57～63 題）

閱讀下列選文，回答第 57 至 59 題：

> 　　位於塞爾維亞及阿爾巴尼亞之間的科索沃，今日仍是宗教、種族複雜之地，在十五世紀後期被「帝國」占領後，改信伊斯蘭教的阿爾巴尼亞人陸續遷入，與當地信奉不同宗教的各族群和平共處。但十九世紀以來，科索沃民族主義高漲，因種族、土地等問題，屢屢出現紛爭。1990 年代後期，塞爾維亞政府在當地對阿爾巴尼亞人進行種族屠殺，導致許多難民逃離科索沃，棲身於鄰國的難民營。當時，為了讓難民能擁有歡笑時光，馬戲團小丑所組織的「無國界小丑」，義務到這些難民營製造歡樂，他們跨越語言藩籬，將歡笑帶至難民營。

57. 文中的「帝國」應是指下列何者？
　　(A) 拜占庭帝國　　　　　(B) 阿拉伯帝國
　　(C) 神聖羅馬帝國　　　　(D) 鄂圖曼土耳其帝國

58. 文中所提的難民營最可能位於圖（二十六）中甲、乙、丙、丁何區？
　　(A) 甲　　　　(B) 乙
　　(C) 丙　　　　(D) 丁

圖（二十六）

59. 文中「無國界小丑」的作為最符合下列何項意涵？
　　(A) 實踐公益服務　　　　(B) 提升社會福利
　　(C) 促進區域統合　　　　(D) 落實經濟互惠

閱讀下列選文，回答第 60 至 61 題：

> 　　許多民眾普遍認為大醫院的醫療品質較好，常常只因小感冒就到大醫院門診掛號就醫，導致許多大醫院出現看診壅塞的情形，讓已明顯不足的醫護人力更加吃緊，也造成醫療資源浪費的問題。
>
> 　　因此，政府為改變民眾不論症狀輕重，都愛去大醫院看病的情形，藉由透過醫療院所分級與推動各項相關因應政策，鼓勵民眾養成小感冒先到住家附近小型診所就醫的習慣，讓大醫院的醫療資源能做更有效的運用。

60. 若老師上課時討論上述現象，並要同學運用需求法則，針對文中第一段陳述的問題提出因應對策，下列何者最適當？
    (A) 限制各大醫院每日看診人數
    (B) 補助小型診所購買醫療設備
    (C) 提高各大醫院門診掛號費用
    (D) 增加醫護待遇補足醫療人力

61. 文中政府為使醫療資源更有效運用，所採取的措施及預期的成效，與下列何種社會變遷的過程最相符？
    (A) 透過制度變遷影響觀念變遷
    (B) 透過觀念變遷影響器物變遷
    (C) 透過器物變遷影響制度變遷
    (D) 透過制度變遷影響器物變遷

閱讀下列選文，回答第 62 至 63 題：

> 　　圖（二十七）是 2014 年世界各國人口年齡中位數分布圖。
> 「人口年齡中位數」是將一個國家的總人口分成人數相等的兩
> 部分，其中一半人的年齡比中位數要小，而另一半人的年齡比
> 中位數要大，該數值可描述一國人口年齡的狀態。

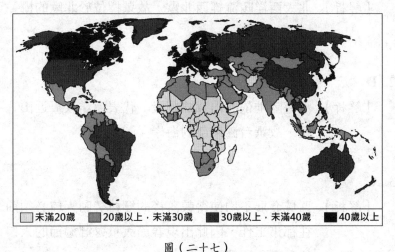

　　□未滿20歲　　■20歲以上，未滿30歲　　■30歲以上，未滿40歲　　■40歲以上

圖（二十七）

62. 圖（二十七）中「人口年齡中位數」未滿 20 歲的國家，主要
　　分布在哪一洲？
　　(A) 亞洲　　　　　　　　　(B) 歐洲
　　(C) 非洲　　　　　　　　　(D) 南美洲

63. 圖（二十七）中「人口年齡中位數」屬於 ■ 類的國家，最可
　　能具有下列何種特徵？
　　(A) 出生率較低　　　　　　(B) 平均壽命較低
　　(C) 醫療衛生水準較落後　　(D) 人口組成為低金字塔型

107年國中教育會考社會科試題詳解

一、單題（第 1-56 題）

1. **D**

【解析】 北大西洋暖流經西北歐，故選擇位於北歐的挪威。

2. **D**

【解析】 濱海陸地依據山脊線劃設，代表海洋較靠近山脈，故選台灣東部的海岸。

3. **C**

【解析】 區域發展不均使得較落後的鄉村勞動人口必須前往都市工作，因此出現春節大量返鄉過節的人口移動現象（春運）。

4. **B**

【解析】 7～9 月為颱風的旺季，故選 (B)。
其他選項 (A) 為地震無固定時間；(C) 為梅雨主要在 5～6 月；(D) 為寒流主要在冬季。

5. **B**

【解析】 伊斯蘭教主要的分布範圍為西亞、中亞、北非、南洋群島等地，故選乙。

6. **A**

　　【解析】　長濱文化一組、十三行文化一組、剩下三個文化
　　　　　　　一組；可以知道是人類使用器物的種類和技術作
　　　　　　　爲分界，因爲長濱文化爲舊石器時代；十三行文
　　　　　　　化爲金屬器時代；剩下三個爲新石器時代，故選
　　　　　　　(A)。

7. **D**

　　【解析】　看到漢朝可以知道題目中的路線爲絲路，(A) 紙
　　　　　　　幣是宋朝出現。(B) 伊斯蘭教傳入的時間爲唐朝。
　　　　　　　(C) 玉米、番薯爲明代傳入的作物。故選 (D)。

8. **C**

　　【解析】　由投票中的敘述危害「城邦」的人，可以知道是
　　　　　　　指希臘的城邦政治，而希臘抽籤的方式爲直接民
　　　　　　　主，是雅典採納的方式。故選 (C)。

9. **A**

　　【解析】　臺灣於民國 84 年實施全民健保，故選 (A)。

10. **D**

　　【解析】　十三世紀滅金國可以知道是指蒙古，故選 (D)。

11. **B**

　　【解析】　題幹中「這些人不但虐待動物，甚至將過程拍成
　　　　　　　影片上傳」，此虐待動物事件造成難以挽回的憾
　　　　　　　事，凸顯即使是人以外的動物（包括流浪動物）
　　　　　　　的生命也應受到平等尊重。

12. **D**

【解析】 題幹顯示甲、地方行政機關因縣議會支持而舉辦活動。乙、地方行政機關因應颱風來襲而開放紅線停車，屬於因地制宜的事項。丙、交由地方上的公民亦即縣民公投決定是否設立觀光賭場，也是地方事務。皆屬於地方政府的自治事務，故「三位首長的發言內容」最足以彰顯地方自治的概念，故答案選 (D)。

13. **D**

【解析】 幸福社區公告的內容在該法律施行前，住戶姓名皆完整呈現；在該法律施行後，住戶姓名隱藏住戶個資。可以瞭解社區公告內容的改變，應與《個人資料保護法》之施行有關，將姓名隱匿是對個資的保護。

14. **A**

【解析】 由題幹可知，失業給付及職業訓練等政府作為，是為了保障人民的「工作權」，屬於經濟上的受益權。(A) 教育少的受益權受益權。(B) 自由權（結社自由）。(C) 參政權。(D) 自由權（居住及遷徙自由）。

15. **C**

【解析】 投資報酬率 = 獲利金額/投資金額 = 10/30 (萬)。乙紀錄拿出 30 萬元現金就是投資金額，丙紀錄獲利 10 萬元及獲利金額，由乙、丙的內容得知投資報酬率，故答案選 (C)。

16. **D**

【解析】　《京都議定書》最主要目的爲明確訂出世界主要工業國家減少溫室氣體排放量，控制全球氣溫上升度數，與 2015 年底的《巴黎協議》皆爲減緩全球暖化爲主要目的。

17. **B**

【解析】　中國新疆爲溫帶沙漠氣候，山麓地帶可利用高山融雪發展成聚落。

18. **D**

【解析】　此處大略爲秘魯及智利北部，爲熱帶沙漠氣候。

19. **C**

【解析】　波斯灣、紅海、蘇伊士運河皆位於阿拉伯半島附近，且甲國（葉門）在可控制紅海進出的位置。

20. **C**

【解析】　緯度越低會越早變得溫暖，也就是春季來得越早。武漢爲題幹中最低緯，哈爾濱爲題幹中最高緯，按日期排序即可作答。

21. **D**

【解析】　日治時期，臺灣受到第一次世界大戰後民族自決思潮影響，爲避免台灣人爭取獨立，日本對臺實施同化政策（內地延長主義）（1919-1937），將臺灣視爲「內地」的一部分，並且派文官總督。故選 (D)。

22. **C**

【解析】 題目中提到在天津（中國北部）焚燒教堂，外國人可以蓋教堂是英法聯軍後（1858～1860），因此要選英法聯軍後的事件。鴉片戰爭為 1840 年；太平天國為 1850～1864 年在中國南部，和題目敘述不符，故可知答案為 (C)。

23. **D**

【解析】 寫實主義是因為工業革命之後，貧富差距過大及工人生活的困苦而對於浪漫主義的反彈，所以答案選 (D)。

24. **B**

【解析】 1670 年代可以知道此時期台灣為鄭氏政權，清初對臺灣的實施海禁政策，並且採行遷界令，故選 (B)。

25. **B**

【解析】 開國尊崇道教，由於唐朝皇室和道教尊奉的太上老君老子李耳同姓，因此尊崇道教為國教。同時唐朝時景教、回教與摩尼教相繼傳入中國，因此從題目敘述中可以知道答案為唐朝選 (B)。

26. **D**

【解析】 司法院大法官的產生方式由總統提名，經立法院同意後，再由總統任命。因而 (A) 為民意代表，非大法官。

(B) 針對政府機關糾正的是監察委員職權。

(C) 屬於行政院各部會首長（閣員）的產生方式。

(D) 解釋憲法爲大法官的重要職權。

27. **B**

【解析】　依據《民法》規定，「繼承人自繼承開始時，除本法另有規定外，承受被繼承人財產上之一切權利、義務。……繼承人對於被繼承人之債務，以因繼承所得遺產爲限，負清償責任。」限定繼承指由遺產清償債務即可，故阿明無須煩惱償還一大筆債務。

28. **D**

【解析】　根據題幹所述，臺北店價格調漲，必須判斷前因是「供不應求」（需求量＞供給量）；高雄店價格調降，必須判斷前因是「供過於求」（供給量＞需求量）。根據選項圖示判斷，故選 (D)。

29. **C**

【解析】　政治參與是指人民藉由各種方式，企圖影響政府決策的行動。舉凡參與選舉、參加遊行、加入政黨、參加政策公聽會、投書報章雜誌等，皆是政治參與的方式。開放政府資料的議題逐漸受到重視。顯見民眾對於政府事務的關心度增加，提供人民有多元管道來影響政府決策的行動，能夠提高關心政治的能力即屬於政治參與的方式之一。

30. **C**

【解析】 根據題幹所述判斷，檢察官提起公訴的案件爲刑事案件，接受的處罰方式爲刑罰，最不可能爲主管行政機關依行政法規科處的行政罰：「罰鍰」。故選 (C)。

31. **B**

【解析】 印尼是群島國家，因此海岸線綿長。另外，海岸線世界第一長的國家爲加拿大、第三長的國家爲俄羅斯。

32. **B**

【解析】 乙地爲該水庫的上游河谷，利用等高線 V 字型指向高處判斷。

33. **C**

【解析】 紡織業主要爲勞力區位，而美國的勞力薪資較高，因此棉花消費量會較少。

34. **D**

【解析】 丁路線經過橫斷山脈（高山峻嶺）、雲貴高原（石灰岩）、緬甸（濕熱叢林）等地。

35. **D**

【解析】 此爲金門國家公園，其成立主旨爲保護人文史蹟，故選閩式建築。

36. **C**

【解析】 臺灣光復初期,成立「臺灣省行政長官公署」負責和日本政府的接收事宜。題幹(一)去日本化和題幹(二)發揚中華民族精神,應為臺灣光復初期措施,故選 (C)。

37. **C**

【解析】 中國到非洲東岸遠航可以知道是鄭和下西洋,同時東部沿海遭海盜搶劫,可以知道這是指倭寇,故選明朝 (C)。

38. **C**

【解析】 題目中提到法幣,可以得知此為民國 24 年之後的中國,民國 24 年中國政府以中央、中國、農民、交通四銀行發行法幣,故選 (C)。

39. **C**

【解析】 慶祝滿州國建立 10 週年說明此為 1942 年且承認滿州國的日本以及和日本同盟國家,而選項中符合的只有臺灣,當時為日本所統治,故選 (C)。

40. **D**

【解析】 (A) 屬於請願權非訴願權。

(B) 法律修正程序應為立法院,而非司法院。

(C) 盜印書籍的行為是負刑事責任。

由告訴乃論改為非告訴乃論之罪是刑事訴訟程序的改變,非告訴乃論之罪不得調解,故選 (D)。

41. **C**

【解析】 由題幹所述「開創地方行政新氣象」判斷，①③為行政首長，符合28歲得參選為③鄉長；由「評鑑第一名的民意代表，懇請支持連任」判斷，②④皆屬於民意代表，故上學路線應經過③。符合者為 (C) 選項。

42. **B**

【解析】 (A) 通過《道路交通管理處罰條例》規定的機關是立法院，而解釋法律是司法院大法官。

(B) 條例是一種法律名稱，由總統公布施行全國。

(C) 舉發的受理機關是行政機關。

(D) 是罰鍰（款）收入，非租稅收入。

43. **D**

【解析】 甲、丙皆為配偶，乙與丙是姻親，只有丁與丙是直系血親、跟乙為旁系血親、跟甲為直系血親。故選 (D)。

44. **C**

【解析】 本題已提示依總利潤來進行機會成本的排序，故先計算總利潤，再比較機會成本高低。「利潤」是指「銷貨收入」扣除生產成本的差額。銷貨收入＝商品價格×銷售量。其他條件不變的情形下，將資源用於某一用途的機會成本，就是放棄其他用途中「價值最高」者，甲＝乙＞丙。

	總利潤	機會成本
甲	$(110 \times 50 \times 2) - (1,000 \times 2) = 9,000$	9,600
乙	$(90 \times 30 \times 4) - (600 \times 4) = 8,400$	9,600
丙	$(100 \times 40 \times 3) - (800 \times 3) = 9,600$	9,000

45. **B**

【解析】 議題進行中發生的錯誤，或發生其他事件足以破壞議事的程序者，得提出「秩序問題」，甲應為秩序問題，非權宜問題。議場偶發的緊急事件，足以影響議場全體或個人權利者，得提出「權宜問題」丁應為權宜問題，非秩序問題，故選 (B)。

46. **C**

【解析】 由圖可知進口遠大於出口，故選入超，故選 (C)。

47. **A**

【解析】 由圖可知丙國生育率逐年提高，故選鼓勵生率措施。而選項中只有 (A) 提供幼兒生活補助津貼。這個選項能達到提高生育率的效果，與選項 (B) (C) (D) 的政策較無關聯。

48. **D**

【解析】 此為休閒農業，提高附加價值以增加農民收入。

49. **A**

【解析】 臺灣東部以阿美族和太魯閣族為多數，而泰雅族多分布在臺灣北部，排灣族集中於臺灣南部，故選 (A)。

50. **B**

【解析】 西元 1842 年 (道光 22 年)，清廷在鴉片戰爭中戰敗簽下南京條約，將香港割讓給英國。1997 年，香港自英國回歸中國大陸，故選 (B)。

51. **A**

【解析】 開港通商後三項產品：茶葉、蔗糖、樟腦，而茶葉、樟腦都在北部地區輸出；蔗糖在南部地區，而表八說明這些都是從北部輸出物品，故選 (A)。

52. **A**

【解析】 甲國有國王屬於君主國，有國會議員選舉，應屬於民主政體，故甲國為君主立憲國。快樂黨勝選將繼續邀請幸福黨組成聯合政府，可推測該國的政黨制度為多黨制，而快樂黨有可能是第一大黨，故選 (A)。

53. **D**

【解析】 非農業就業人口數表示為從事二、三級產業的人口，而在 1928～1932 數量大幅減少，說明著當時工商業人口減少，對照圖 21 可以得知為 1929 年經濟大恐慌的因素，故選 (D)。

54. **C**

【解析】 圖二十二為中南美洲地區，中南美洲地區除了巴西為葡萄牙殖民地之外，其他多為西班牙殖民；而西班牙殖民亞洲部分為菲律賓以及台灣北部，故選 (C)。

55. **A**

　　【解析】 J 為新竹縣，L 為臺中縣（已合併改制為臺中直轄市）。R 為臺南縣（已合併改制為臺南直轄市）。S 為高雄縣（已併入高雄直轄市）。

56. **A**

　　【解析】 狄亞士的貢獻為發現好望角，而好望角位於非洲南部，介於亞洲和歐洲之間，故選 (甲)。

二、題組（第 57-63 題）

57-59 為題組

57. **D**

　　【解析】 由塞爾維亞可以知道這地區是指巴爾幹半島，而巴爾幹半島在中古歐洲原是拜占庭帝國的版圖，但在 1453 年被鄂圖曼土耳其帝國所滅，故選 (D)。

58. **B**

　　【解析】 甲為伊比利半島、乙為巴爾幹半島、丙為地中海東岸、丁為北非。

59. **A**

　　【解析】 無國界小丑義務到這些難民營製造歡樂是實踐公益服務。故選 (A)。
　　　　　　 (B) 此非政府提供的社會服務。
　　　　　　 (C) 並無進行區域統合。
　　　　　　 (D) 此非經濟活動。

60-61 為題組

60. **C**

【解析】 需求法則是指價、量關係，在其他條件不變的情況下，若商品價格下降，消費者購買數量（需求量）會增加；若其價格上漲，消費者購買數量（需求量）會減少。提高掛號費便可降低就診人數。故選 (C)。

61. **A**

【解析】 醫療院所分級制是一種制度。從追求較好醫療品質轉而追求醫療資源更有效的運用是一種觀念的改變。政府提出「醫療院所分級制度及相關因應政策」來改變民眾喜歡到大醫院就醫的觀念。

62-63 為題組

62. **C**

【解析】 年齡結構偏低的國家代表醫療衛生較差，故選擇相對落後的非洲。

63. **A**

【解析】 圖中的深色國家是相對較進步的國家，人口結構通常是平均壽命較高、出生率較低的彈頭型金字塔。

107 年度國中教育會考
社會科公佈答案

題　號	答　案	題　號	答　案	題　號	答　案
1	D	22	C	43	D
2	D	23	D	44	C
3	C	24	B	45	B
4	B	25	B	46	C
5	B	26	D	47	A
6	A	27	B	48	D
7	D	28	D	49	A
8	C	29	C	50	B
9	A	30	C	51	A
10	D	31	B	52	A
11	B	32	D	53	D
12	D	33	C	54	C
13	D	34	D	55	A
14	A	35	D	56	A
15	C	36	C	57	D
16	D	37	C	58	B
17	B	38	C	59	A
18	D	39	C	60	C
19	C	40	D	61	A
20	C	41	C	62	C
21	D	42	B	63	A

107年國中教育會考自然科試題

1. 小瑩想以量筒量取 30.0 mL 的溶液，圖（一）
   虛線箭頭所指的位置為量筒中目前已量取的
   溶液體積。小瑩使用下列哪一種器材裝取溶
   液後，再加入量筒內，最能避免體積超出
   30.0 mL？

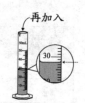

圖（一）

(A) 　　(B) 　　(C) 　　(D)

2. 圖（二）是某日東亞的地面天氣簡
   圖，數字代表該等壓線的氣壓值，
   單位為百帕。圖中以黑點標示的甲
   地，其海拔高度約為 0 m。下列是
   甲地已知的天氣現象敘述，何者
   無法從此天氣簡圖中得知？

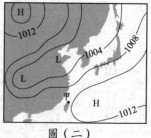

圖（二）

   (A) 氣溫為 35℃
   (B) 風向大致為南風
   (C) 氣壓值高於 1008 百帕
   (D) 天氣主要受高氣壓影響

3. 某次地震發生後，測站甲、乙、丙、
   丁測得的震度如表（一）所示。已知
   測站與震央距離的大小關係為丁＞丙
   ＞乙＞甲，若將此次地震的震央位置
   以 ☆ 表示，甲、乙、丙、丁代表其測

表（一）

測站	甲	乙	丙	丁
震度	6	5	5	4

   站位置，下列有關此次地震的震度分布及測站的位置圖，何者
   最合理？

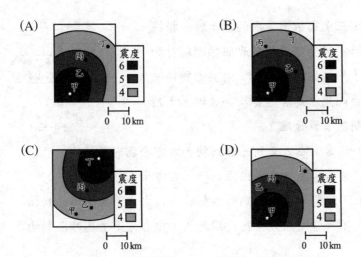

4. 某地區的樹林中棲息著一種蛾,依其體色可分成淺色蛾和深色蛾。當此林中的樹被某種真菌感染後,其樹皮顏色由深色變為淺色,多年以後樹林中淺色蛾的數量比例逐漸增多。根據天擇的理論,下列何者最可以解釋此區淺色蛾數量的變化?

(A) 深色蛾因環境改變而突變為淺色蛾

(B) 樹皮顏色改變使淺色蛾比深色蛾存活率高

(C) 樹皮顏色改變使深色蛾突變為淺色蛾以躲避天敵

(D) 深色蛾吸食被真菌感染的樹皮汁液而突變為淺色蛾

5. 「在常溫常壓下,①番茄紅素為紅色固體,是番茄、木瓜等蔬果中富含的色素,②為天然的抗氧化劑……」,上述畫底線所提到番茄紅素的性質,屬於下列何者?

(A) 均為物理性質　　　　　(B) 均為化學性質

(C) ①為物理性質、②為化學性質

(D) ①為化學性質、②為物理性質

6. 圖（三）為某園區內的標示牌。根據
此圖，若管理員想將此組標示牌再加
上「外溫動物區」及「內溫動物區」，
關於此想法是否適當及其原因，下列
說明何者最合理？

圖（三）

(A) 適當，左方全為外溫動物，右方全為內溫動物

(B) 適當，左方全為內溫動物，右方全為外溫動物

(C) 不適當，左方全為外溫動物，但右方不全為內溫動物

(D) 不適當，左方全為內溫動物，但右方不全為外溫動物

7. 阿泉分別進行下列四種不同的運動，在哪一種運動過程中，
阿泉由圖中狀態Ⅰ→狀態Ⅱ，他身體的重力位能變化最大？

(A) 舉重　　　　　　　　　(B) 射箭

(C) 百米賽跑　　　　　　　(D) 高臺跳水

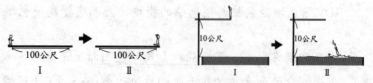

8. 瑋婷觀察爸爸在家中利用茶壺煮水時，茶壺內水量的多少似乎
會影響水煮沸所需的時間，她假設當茶壺內水量越多，將水煮
沸所需的時間也越多。若要驗證她的假設是否合理，下列哪一
種實驗設計可直接用來驗證她的假設？

(A)

在完全相同的茶壺中，
分別裝入不同水量，以
同一個瓦斯爐的相同火
力加熱，測量水從室溫
加熱到沸騰所需時間

(B)

使用不同大小的茶壺，
分別裝入等量的水，以
同一個瓦斯爐的相同火
力加熱，測量水從室溫
加熱到沸騰所需時間

(C)

在完全相同的茶壺中，
分別裝入不同水量，以
同一個瓦斯爐的相同火
力加熱，將水加熱 5 分
鐘，測量瓦斯桶減輕的
重量

(D)

在完全相同的茶壺中，
分別裝入等量的水，以
同一個瓦斯爐的大、
中、小不同的火力加
熱，測量水從室溫加熱
到沸騰所需時間

9. 有一座四面環海的島嶼，其陸地面積隨時間變化的關係簡圖如
圖（四）所示。根據圖中資料推
測，下列何者可能是造成該島嶼
一天中陸地面積會有變化的最主
要原因？

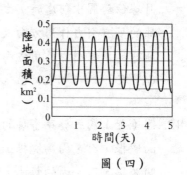

圖（四）

(A) 全球暖化造成海平面的起伏
(B) 海水漲退潮使水位高度改變
(C) 海水因日照而熱脹冷縮導致
(D) 海陸風轉換使海水流向改變

10. 圖（五）列出四位科學家所提出的學說或發現，並依照年代順
序排列，圖中以代號甲～丁來表示粒子或結構的名稱：

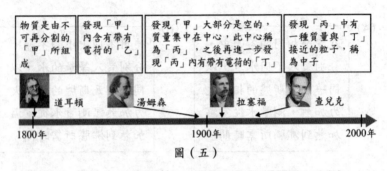

圖（五）

關於甲～丁的正確名稱，依序應爲下列何者？

(A) 原子核、電子、原子、質子

(B) 原子核、質子、電子、原子

(C) 原子、質子、原子核、電子

(D) 原子、電子、原子核、質子

11. 圖（六）爲太陽、地球、月球相對
    位置示意圖。假設太陽、地球、月
    球在運行過程中皆位於同一平面上，
    月球位於圖中何處時，太陽受到地
    球的萬有引力作用方向及月球受到
    地球的萬有引力作用方向相同？

圖（六）

(A) 甲　　　　(B) 乙　　　　(C) 丙　　　　(D) 丁

12. 圖（七）爲一發芽番薯的示意圖，甲爲番薯
    的塊根，乙、丙爲塊根上不同的新芽。下列
    關於甲、乙、丙的敘述，何者最合理？

(A) 甲與丙的基因型不同

(B) 乙與丙的基因型相同

圖（七）

(C) 甲爲番薯的生殖器官

(D) 甲與乙細胞內的染色體數不同

13. 「真金不怕火煉」在字面上的意思是指純正的黃金不怕被火烤，這是因為黃金不易與氧發生反應。依上述對黃金性質的描述判斷，下列哪一類元素對氧的活性與黃金對氧的活性最接近？

(A) 放入水中能與水反應而產生氫氣的元素

(B) 在自然界中，多以氧化物狀態存在的元素

(C) 在自然界中，多以元素狀態存在的金屬元素

(D) 在煉鐵過程中，可使氧化鐵還原成鐵的元素

14. 下列為某網頁上的一則問與答：

> 問：煮蟹肉棒時，外包裝的塑膠套是否需要拆掉？
>
> 答：市售蟹肉棒外包裝的塑膠套，其材質多屬於熱塑性聚合物，不建議長時間置於高溫環境下烹煮，建議料理前拆掉塑膠套是最保險的做法。

根據上述，下列關於外包裝塑膠套材質的性質敘述和結構示意圖，何者正確？

(A) 加熱後會熔化

(B) 加熱後會熔化

(C) 加熱後不會熔化

(D) 加熱後不會熔化

15. 某岩層在形成後未受地殼變動影響,且岩層中有大量完整的三葉蟲化石及其活動痕跡,該岩層的形成過程最有可能為下列何者?

    (A) 此岩層在陸地的環境沉積而成

    (B) 此岩層在海洋的環境沉積而成

    (C) 由岩漿在陸地噴發後冷卻而成

    (D) 由岩漿在海底噴發後冷卻而成

16. 圖(八)是學生整理的宇宙組織關係圖,甲、乙、丙代表三個不同層級的結構,且三者在空間中的大小關係為甲>乙>丙。下列有關三者的敘述,何者最合理?

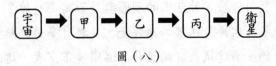

圖(八)

    (A) 若甲是太陽系,則乙可填入星系

    (B) 若甲是銀河系,則乙可填入太陽

    (C) 若乙是行星,則丙可填入恆星

    (D) 若乙是銀河系,則丙可填入星系

17. 若將兩根相同的條形磁鐵靜止擺放如圖(九)所示,則圖中虛線區域中磁力線分布及磁場方向,下列何者最合理?

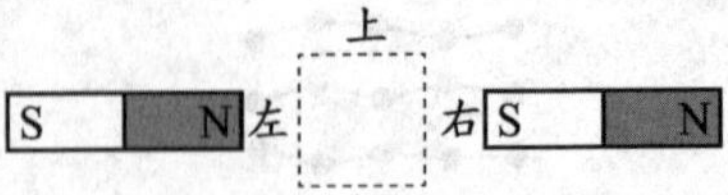

圖(九)

    (A)　　　　　(B) 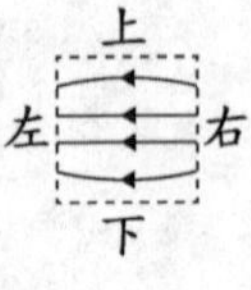　　　　　(C) 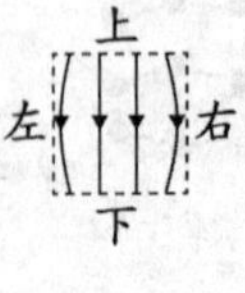　　　　　(D)

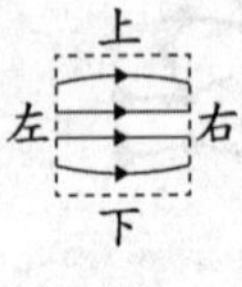

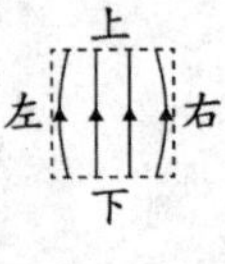

18. 將酵素甲和澱粉溶液在試管中混合均勻，並定時測量試管內的澱粉濃度。已知試管內澱粉濃度會隨著時間而改變，如圖（十）所示，下列關於甲的敘述，何者正確？

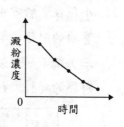

圖（十）

(A) 甲主要由葡萄糖組成

(B) 甲與澱粉反應後，會被分解成胺基酸

(C) 若降低甲的活性，會使澱粉的合成速率變快

(D) 若提高甲的活性，會使澱粉的分解速率變快

19. 圖（十一）為植物葉肉細胞的構造示意圖，甲、乙、丙、丁分別代表細胞內不同的構造，則下列何者主要負責產生能量供細胞使用？

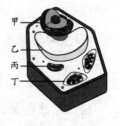

圖（十一）

(A) 甲　　　　　(B) 乙

(C) 丙　　　　　(D) 丁

20. 有一個以密度為 2.5 g/cm3 的材質製成之容器甲，將其置入另一盛水容器中，容器甲會浮在水面上，如圖（十二）所示。若用手扶住容器甲，並在容器甲內倒滿水，釋放之，待靜止平衡後，容器甲的浮沉情形最可能為下列何者？

圖（十二）

(A) 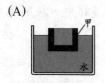　(B) 　(C) 　(D)

21. 小花在實驗室中找到一份舊實驗紀錄簿，紀錄簿中有一頁單擺實驗的紀錄表，此表因蟲蛀而使部分資料無法判讀，如圖（十三）所示。若製作此表時的實驗步驟正確且結果合理，則由可辨識的資料來判斷，下列何者最可能為組別丙的擺長長度？

組別	擺錘質量（公克）	擺長(公分)	擺角(度)	擺動10次的時間（秒）
甲	50	100.0	5.0	20.1
乙	50	25.0	5.0	9.9
丙	100		5.0	20.0

圖（十三）

(A) 25.0 公分　　　　　　　(B) 50.0 公分
(C) 100.0 公分　　　　　　 (D) 200.0 公分

22. 圖（十四）為小瑞依據物質組成來分類，畫出數種物質的相互關係，被包含在大範圍者，亦屬於大範圍的一種物質，例如：氧化物（被包含者）亦屬於純物質的一種。圖中灰色範圍最可能為下列哪一類？

(A) 元素
(B) 化合物
(C) 混合物
(D) 聚合物

圖（十四）

23. 實驗課時，阿文一組四人取分別充滿 1 大氣壓甲、乙、丙氣體的三支試管，倒插入盛有 100 mL 水的相同燒杯中，拔開橡皮塞，經一段時間後觀察試管的情況，如圖（十五）所示。若不考慮水的蒸發，則表（二）內四人對於甲、乙、丙三種氣體在水中溶解度的比較，與收集氣體方法的判斷，何者正確？

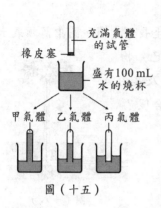

表（二）

學生	溶解度 (mL / 100 mL 水)	使用排水 集氣法
阿文	甲＞乙＞丙	甲最適用
阿明	甲＞乙＞丙	丙最適用
小薰	甲＜乙＜丙	甲最適用
小玉	甲＜乙＜丙	丙最適用

圖（十五）

(A) 阿文　　　　(B) 阿明　　　　(C) 小薰　　　　(D) 小玉

24. 小湘在街上看到久違的好朋友，興奮地立即揮手打招呼。下列
　　與上述過程相關的神經系統運作之敘述，何者正確？

　　(A) 立即揮手是屬於反射作用

　　(B) 此過程的受器是在手部肌肉

　　(C) 興奮的感覺是由感覺神經產生

　　(D) 揮手的命令是由運動神經傳遞

25. 孝全在整理家中相簿時發現一張過去拍攝的月亮照片，如圖
　　（十六）所示；照片背後有關於拍攝時間地點的紀錄，如圖
　　（十七）所示，下列何者最有可能是當時月亮所在的方向？

拍攝時間：99/05/29
（農曆16日）
凌晨 4:30
拍攝地點：自家頂樓

圖（十六）　　　　　　圖（十七）

　　(A) 頭頂正上方　　　　　　(B) 南方地平線附近

　　(C) 東方地平線附近　　　　(D) 西方地平線附近

26. 圖（十八）為竹子與其鄰近竹筍的生長示意圖，圖中箭頭表示物質 X 由竹子到竹筍的運輸方向。已知物質 X 來自光合作用，則有關物質 X 及其由何種構造運輸的敘述，下列何者最合理？

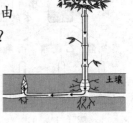

圖（十八）

(A) 物質 X 為醣類，由韌皮部運輸
(B) 物質 X 為醣類，由木質部運輸
(C) 物質 X 為水分，由韌皮部運輸
(D) 物質 X 為水分，由木質部運輸

27. 大瀚在整理野外記錄的地質資料，圖（十九）是根據資料用鉛筆初步繪製但尚未完成的地層剖面示意圖。此外，資料上還記載著該地層同時存在斷層與岩脈，且由斷層與岩脈的關係可知剖面中的岩脈是在斷層活動之後才形成。若岩脈以灰色表示，斷層以粗黑實線表示，則完成後的示意圖最接近下列何者？

圖（十九）

(A)　　　　(B)　　　　(C)　　　　(D)

  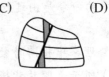

28. 圖（二十）為甲、乙兩種細胞所含的染色體示意圖，此兩種細胞都是某一雌性動物個體內的正常細胞。根據此圖，下列相關推論或敘述何者最合理？

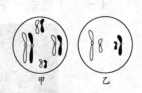

圖（二十）

(A) 甲總共含 8 個基因，乙總共含 4 個基因
(B) 若甲具有性染色體，則乙不具有性染色體
(C) 若甲具有成對的基因，則乙不具有成對的基因
(D) 甲有 4 對成對的染色體，乙有 2 對成對的染色體

29. 有一個裝水的玻璃魚缸，內部的水保持靜止，魚缸內有一點 X，其位置如圖（二十一）所示。若 X 點所受來自上、下、左、右四個方向的液體壓力分別為 $P_上$、$P_下$、$P_左$、$P_右$，則其關係應為下列何者？

    (A) $P_上 = P_下 = P_左 = P_右$

    (B) $P_右 > P_上 > P_下 = P_左$

    (C) $P_上 > P_下 = P_左 = P_右$

    (D) $P_上 < P_下 = P_左 = P_右$

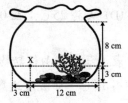

圖（二十一）

30. 在一般標準大氣狀況下，關於對流層常見特性的敘述，下列何者正確？

    (A) 頂端臭氧含量最高，又名臭氧層

    (B) 依溫度變化可以細分為四個分層

    (C) 氣溫與氣壓皆隨高度升高而降低

    (D) 此層的大氣僅有垂直向上的運動

31. 圖（二十二）為小玫進行水溶液混合實驗的步驟示意圖：

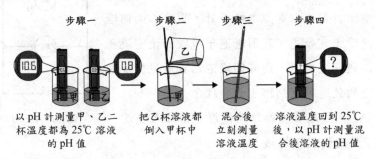

步驟一　　　　步驟二　　　步驟三　　　步驟四

以 pH 計測量甲、乙二杯溫度都為 25℃ 溶液的 pH 值　　把乙杯溶液都倒入甲杯中　　混合後立刻測量溶液溫度　　溶液溫度回到 25℃ 後，以 pH 計測量混合後溶液的 pH 值

圖（二十二）

她在步驟三和步驟四所測得數據，依序應為下列何者才合理？

(A) 小於 25℃；大於 10.6 或小於 0.8

(B) 小於 25℃；在 0.8～10.6 之間

(C) 大於 25℃；大於 10.6 或小於 0.8

(D) 大於 25℃；在 0.8～10.6 之間

32. 表（三）爲兩種動物所能聽見聲音的頻率範圍。在空氣溫度
爲 15℃，聲波波速爲 34000 cm/s 的環境下，若發出波長爲
1000 cm，且音量足夠大的聲
波，則參閱表中的資訊，下
列有關此兩種動物是否能聽
到此聲波的敘述何者最合理？

表（三）

動物	聽覺頻率範圍 (Hz)
大象	16～12000
兔子	360～42000

(A) 兩種動物都聽得到此聲波

(B) 兩種動物都聽不到此聲波

(C) 此聲波大象聽得到，而兔子聽不到

(D) 此聲波兔子聽得到，而大象聽不到

33. 一電路裝置如圖（二十三）所示，圖中導線
電阻與電池內電阻忽略不計，甲、乙兩個燈
泡皆正常發亮。若因燈泡甲燒毀而使電流無
法通過燈泡甲，則有關燈泡乙在燈泡甲燒毀
後的敘述，下列何者最合理？

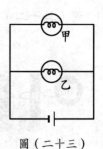

圖（二十三）

(A) 因電路發生斷路而使燈泡乙在未燒毀
的情況下熄滅

(B) 因電路發生短路而使燈泡乙在未燒毀的情況下熄滅

(C) 流經燈泡乙的電流變爲原本的 2 倍而使其亮度增加

(D) 燈泡乙仍正常發亮且流經燈泡乙的電流大小仍不變

34. 有甲、乙、丙三杯水,將三杯水混合,當混合後的水達熱平衡
　　時,水溫為 50℃。若混合過程中,水與外界無熱量的吸收與散
　　失,則下列四組何者最有可能是甲、乙、丙三杯水混合前的溫
　　度?
　　(A) 0℃、50℃、50℃　　　　　(B) 20℃、90℃、95℃
　　(C) 10℃、15℃、25℃　　　　　(D) 50℃、60℃、70℃

35. 白白分別在夏至(6/22)當天與
　　冬至(12/22)當天到同一處海邊
　　遊玩,在正午時她看見懸崖邊的
　　燈塔影子分別如圖(二十四)所
　　示。根據圖中燈塔影子的長度與
　　方位判斷,此燈塔最可能位於下
　　列何處的海邊?

圖(二十四)

　　(A) 南緯 40 度　　　　　　　(B) 北緯 40 度
　　(C) 南緯 20 度　　　　　　　(D) 北緯 20 度

36. 欣如進行電解水的實驗,其裝置及收集到 X、Y 二種氣體的體
　　積,如圖(二十五)所示。若將此直流電源改接到圖(二十六)
　　的電鍍裝置進行銅片鍍鎳,應如何正確連接和選用電鍍液?

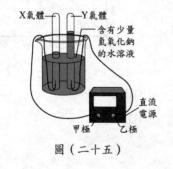
圖(二十五)

圖(二十六)

(A) 甲極接銅片，乙極接鎳片，電鍍液選用硫酸鎳溶液

(B) 甲極接銅片，乙極接鎳片，電鍍液選用硫酸銅溶液

(C) 甲極接鎳片，乙極接銅片，電鍍液選用硫酸鎳溶液

(D) 甲極接鎳片，乙極接銅片，電鍍液選用硫酸銅溶液

37. 圖（二十七）為人體注射藥劑的部位示
意圖，關於藥劑從甲部位或乙部位注入
人體的靜脈後，經由血液循環最先進入
心臟腔室的敘述，下列何者最合理？

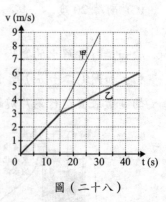
圖（二十七）

(A) 甲、乙部位的藥劑皆先進入右心房

(B) 甲、乙部位的藥劑皆先進入左心房

(C) 甲部位的藥劑先進入右心房，乙部位
的藥劑先進入左心房

(D) 甲部位的藥劑先進入左心房，乙部位的藥劑先進入右心房

38. 甲、乙兩個質量同為 1 kg 的木
塊靜置於水平桌面上，兩木塊
分別受水平外力作直線運動，
其速度 (v) 與時間 (t) 的關係如
圖（二十八）所示。若 t = 25 s
時，甲、乙兩木塊所受的合力
分別為 $F_甲$、$F_乙$，則 $F_甲$: $F_乙$
應為下列何者？

圖（二十八）

(A) 1 : 1
(B) 2 : 1
(C) 4 : 1
(D) 7 : 4

39. 老師在課堂上提到:「銅與稀硝酸反應,會產生無色的一氧化氮氣體;銅與濃硝酸反應,會產生紅棕色的二氧化氮氣體。」小動上網查詢並在便條紙抄下此二種化學反應式,再次取出便條紙時,卻發現紙條右端破損,如圖(二十九)所示。已知甲、乙二反應式中缺少的產物各只有一種,關於甲、乙二反應式應補上的部分,下列敘述何者正確?

甲—— $Cu + 4\,HNO_3 \longrightarrow Cu(NO_3)_2 + 2\,H_2O +$

乙—— $3\,Cu + 8\,HNO_3 \longrightarrow 3\,Cu(NO_3)_2 + 4\,H_2O +$

圖(二十九)

(A) 甲反應式應補上 $2\,NO_2$ (B) 甲反應式應補上 $4\,NO$

(C) 乙反應式應補上 $5\,NO_2$ (D) 乙反應式應補上 $6\,NO$

40. 圖(三十)為全球板塊分布示意圖。已知甲和乙位於同一種類型的板塊邊界上,則依照板塊構造學說,下列何者通常不會在甲處出現?

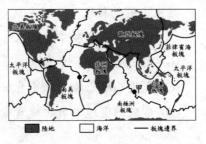

(A) 海溝 (B) 地震
(C) 火山 (D) 斷層

圖(三十)

41. 圖(三十一)為某兩條食物鏈依生物各階層所含能量的關係繪製成甲、乙能量塔之示意圖(面積不代表實際能量大小)。已知兩能量塔最高階層的生物總能量皆相同,則下列推測何者最合理?

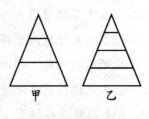

圖(三十一)

(A) 消費者的總能量：甲＞乙

(B) 生產者的總能量：乙＞甲

(C) 甲的初級消費者總能量大於乙的初級消費者

(D) 甲的初級消費者總能量小於乙的三級消費者

42. 圖（三十二）為<u>小樺</u>與媽媽某一天在牛排館用餐的對話：

圖（三十二）

圖中<u>小樺</u>的敘述「……」最可能是下列何者？

(A) 酸鹼中和實驗中會加入『酚酞』

(B) 製造肥皂實驗中會加入『氫氧化鈉』

(C) 製造乙酸乙酯實驗中會加入『濃硫酸』

(D) 碳酸鈣製造二氧化碳實驗中會加入『鹽酸』

43. 圖（三十三）為<u>小芸</u>作凸透鏡成像觀察的實驗裝置圖，凸透鏡的焦距為 10 cm。她將原本擺放在甲區的蠟燭，移至丙區的位置，若她想觀察移動位置後蠟燭所成的像，則以下列哪一個方式進行最可能達成目的？

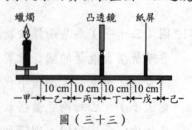

圖（三十三）

(A) 將紙屏移動至丁區，找尋蠟燭所成的像

(B) 將紙屏移動至己區，找尋蠟燭所成的像

(C) 將紙屏移動至甲區或乙區，找尋蠟燭所成的像

(D) 移除紙屏，由丁區、戊區或己區以眼睛透過透鏡觀察蠟燭
所成的像

44. 東太平洋赤道附近的祕魯漁民，因應表層海水溫度的變化，發
展出不同時間區段的不同生活型態，如圖（三十四）與圖（三
十五）所示。

圖（三十四）

圖（三十五）

根據漫畫中的內容判斷，下列關於二者海水溫度變化的敘述，
何者正確？

(A) 圖（三十四）的沿岸湧升流增強，導致表層海水溫度上升

(B) 圖（三十四）的沿岸湧升流減弱，導致表層海水溫度下降

(C) 圖（三十五）的沿岸湧升流增強，導致表層海水溫度下降

(D) 圖（三十五）的沿岸湧升流減弱，導致表層海水溫度上升

45. 甲、乙、丙三地位於同一條筆直的道路上，且乙地位於甲、丙
之間，甲、乙二地的距離為 S_1，乙、丙二地的距離為 S_2。小明
沿著道路由甲地出發經乙地到達丙地後再折返回乙地，其路線
即甲→乙→丙→乙，已知此過程小明的平均速度大小為每小時
3 公里，平均速率為每小時 15 公里，則 $S_1 : S_2$ 為下列何者？

(A) 1：1　　　(B) 1：2　　　(C) 1：4　　　(D) 1：5

46. 將種有植株的兩相同盆栽，分別放在甲、乙兩個獨立的黑暗房間內，且將光源擺放在不同位置照射植株，經一段時間後，其生長狀況如圖（三十六）所示。若此時把光源移開，再經一段時間後，觀察莖的生長方向。若圖（三十七）為預測莖生長方向的示意圖，則下列有關甲、乙兩處的莖生長之敘述，何者最合理？

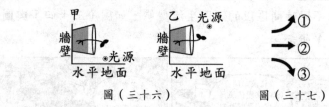

圖（三十六）　　　　　　圖（三十七）

(A) 兩處的莖皆如①生長　　　(B) 兩處的莖皆如②生長

(C) 甲處的莖如①生長；乙處的莖如③生長

(D) 甲處的莖③生長；乙處的莖如①生長

47. 某一性狀由體染色體上的一對等位基因所控制，A 為顯性，a 為隱性。今有一對夫妻此性狀的基因型皆為 Aa，在不考慮突變的情況下，他們小孩的此種性狀可能會有幾種表現型？

(A) 1　　　　(B) 2　　　　(C) 3　　　　(D) 4

48. 曉萱進行滲透作用的實驗，其步驟和說明如圖（三十八）所示：

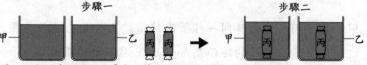

步驟一

甲、乙和丙為三種不同濃度的蔗糖水溶液。
甲杯：體積莫耳濃度0.5 M，
乙杯：重量百分濃度0.5%，
丙小袋x2：以薄膜製成的小袋，袋內裝有相
　　　　　同但未知濃度的蔗糖水溶液。

步驟二

將丙小袋分別放入甲、
乙二杯水溶液中，觀察
變化並記錄結果。

圖（三十八）

已知水可以自由進出丙小袋的薄膜而蔗糖不行，結果其中一杯內的小袋保持原形狀且體積幾乎不變，另一杯內的小袋形狀萎縮且體積變小。若各溶液的密度均約為 1 g/cm³，則步驟一中甲、乙和丙三種溶液濃度的關係，應為下列何者？（1 莫耳的蔗糖質量為 342 g）

(A) 乙最小，甲與丙相近　　　(B) 乙最大，甲與丙相近

(C) 甲最小，乙與丙相近　　　(D) 甲最大，乙與丙相近

請閱讀下列敘述後，回答 49～50 題

> 　　偏側蛇蟲草菌可感染特定種類的螞蟻，被感染的螞蟻會逐漸死去，而蟻屍的外殼將會保護偏側蛇蟲草菌的生長。在螞蟻死後，此菌將會繼續在螞蟻體內生長，並從蟻屍的某些部位長出菌絲，如圖（三十九）所示，待成熟後即釋放孢子，繼續感染附近的螞蟻。
>
>
>
> 圖（三十九）

49. 根據本文，推測下列何者最可能為偏側蛇蟲草菌與螞蟻間的關係？

    (A) 寄生　　　　　　　　　(B) 合作

    (C) 競爭空間　　　　　　　(D) 競爭食物

50. 根據本文，推測偏側蛇蟲草菌與下列何者的親緣關係最接近？

    (A) 蕨類　　　　　　　　　(B) 藍綠菌

    (C) 酵母菌　　　　　　　　(D) 節肢動物

請閱讀下列敘述後，回答 51～52 題

　　阿勝看到一篇有關節能減碳的文宣，決定將工廠裡的白熾燈全部改為某種較省電的燈具，圖（四十）為該文宣的部分內容，文宣中的白熾燈可以用下方同一欄中的較省電燈具來取代。阿勝利用此文宣，計算出他更換 300 盞相同的白熾燈，一個月可節省電能 2700 度，同時可減少相當於 1447 公斤的 CO_2 排放量。

白熾燈	 40W	 60W
較省電燈具	  LED燈泡 7W ｜ 省電燈泡 10W	 LED燈泡 9W ｜ 省電燈泡 13W

圖（四十）

51. 已知阿勝的計算方式為燈具共 300 盞，每天皆使用 10 小時，一個月使用 30 天來計算，且他的計算結果無誤，則根據他計算的結果來推論，工廠裡的燈具將由何種白熾燈更換為哪一種較省電燈具？

(A) 將 40 W 的白熾燈改為 7 W 的 LED 燈泡

(B) 將 40 W 的白熾燈改為 10 W 的省電燈泡

(C) 將 60 W 的白熾燈改為 9 W 的 LED 燈泡

(D) 將 60 W 的白熾燈改為 13W 的省電燈泡

52. 根據阿勝的計算，更換 300 盞白熾燈後，相當於一個月約減少排放多少數量的 CO_2 分子？（C 和 O 的原子量分別為 12 和 16）

(A) $\dfrac{1447}{44} \times 6 \times 10^{23}$ 個 CO_2 分子

(B) $\dfrac{1447000}{44} \times 6 \times 10^{23}$ 個 CO_2 分子

(C) $\dfrac{1447}{44} \times 6 \times 10^{23}$ 莫耳的 CO_2 分子

(D) $\dfrac{1447000}{44} \times 6 \times 10^{23}$ 莫耳的 CO_2 分子

請閱讀下列敘述後，回答 53～54 題

　　人體真正感受到的溫度稱為體感溫度，而酷熱指數是其中一種綜合氣溫和溼度來代表體感溫度的指數。人體透過排汗來降溫，過程中<u>水分會蒸發</u>並從人體帶走熱量，當環境未能及時將人體多餘熱量帶走時，可能會使人出現中暑等症狀，故從事戶外活動時可參考酷熱指數，以避免中暑。表（四）為不同氣溫與溼度下的體感溫度對照表，而體感溫度對人體的影響又可分為四個不同酷熱指數等級。

表（四）

體感溫度(℃)	氣溫 (℃)

溼度(%)	27	28	29	30	31	32	33	34	36	37	38	39	40
40	27	27	28	29	31	33	34	36	38	41	43	46	48
45	27	28	29	31	32	34	36	38	40	43	46	48	51
50	27	28	29	31	33	35	37	39	42	45	48	51	
55	27	29	30	32	34	36	38	41	44	47	51		
60	28	29	31	33	35	38	41	43	47	51			
65	28	29	32	34	37	39	42	46	49	53			
70	28	30	32	35	38	41	44	48	52				
75	29	31	33	36	39	43	47	51					
80	29	32	34	38	41	45	49						
85	29	32	36	39	43	47	52						
90	30	33	37	41	45	50							
95	30	34	38	42	47	53							
100	31	35	39	44	49								

□ 警告　　▨ 嚴重警告　　▩ 危險　　■ 極度危險

酷熱指數等級	可能的影響
警告	長時間曝曬與活動可能導致疲勞
嚴重警告	長時間曝曬容易出現中暑、熱衰竭等症狀
危險	長時間曝曬相當容易出現中暑、熱衰竭等症狀
極度危險	長時間曝曬極度容易出現中暑、熱衰竭等症狀

53. 根據表（四），下列敘述何者正確？
    (A) 不管外界氣溫與溼度如何變化，體感溫度都會比當時的氣溫還高
    (B) 不管氣溫如何變化，當溼度爲 100%，酷熱指數皆屬極度危險等級
    (C) 當氣溫爲 30℃ 且溼度超過 50% 時，體感溫度都會比當時的氣溫高
    (D) 當氣溫爲 31℃ 且溼度很高時，酷熱指數可能會達到極度危險等級

54. 關於文中畫有雙底線處所提到的現象，下列敘述何者正確？
    (A) 爲吸熱的變化，水分子內的原子會重新排列
    (B) 爲吸熱的變化，水分子內的原子不會重新排列
    (C) 爲放熱的變化，水分子內的原子會重新排列
    (D) 爲放熱的變化，水分子內的原子不會重新排列

107年國中教育會考自然科試題詳解

1. **A**

   【解析】　量筒的口徑較小，且已快達 30 mL 的目標刻度
   線，只需取用少量液體選用滴管最為合適。
   (B) 試管、(C) 錐形瓶、(D) 燒杯，這三種容器較
   適合裝取反應的化學藥品，並非是移取藥品的較
   佳選擇。

2. **A**

   【解析】　(A) 各地氣溫需由各地測站來得知，此圖無法得
   知。
   (B) 北半球高壓為順時針向外吹，故可推測甲地
   風向大致吹南風。
   (C) 由等壓線圖中可判斷，氣壓值介於 1008 hPa
   與 1012 hPa 之間。
   (D) 由等壓線圖中可判斷，甲地區靠近右側之高
   壓系統。

3. **D**

   【解析】　由題目提示測站與震央的位置得知，由震央依序
   推到外圍順序為：甲乙丙丁，其中乙、丙的震度
   皆為 5，應在同一色塊中，應此只有 (D) 符合此
   條件。

4. **B**

【解析】 (A) 題目中並未提到蛾會隨著環境變色。

(B) 樹皮的顏色變淺,對淺色蛾提供了保護作用,使淺色蛾存活的機會提高。

(C) 並非環境改變就會造成突變。

(D) 並非環境改變就會造成突變。

5. **C**

【解析】 ①番茄紅素的顏色和狀態,可直接肉眼觀察此為物理性質。

②抗氧化劑作為氧化還原反應中的還原劑,此為化學性質。

6. **C**

【解析】 外溫動物:魚類、兩生類、爬蟲類

內溫動物:哺乳類

右方(哺乳類+爬蟲類)全為內溫動物的說法明顯會有瑕疵,因此不適當。

7. **D**

【解析】 由重力位能公式,位能 = mgh。高度變化愈大重力位能變化越大,故本題 (D) 之高度變化為四者之中最大者,故選 (D)。

8. **A**

【解析】 依題目敘述,本題之操作變因為茶壺內的水量,應變變因為煮沸所需之時間,其它變因則應保持不變。

9. **B**

【解析】　如圖所示，陸地面積一天內之週期變化與海水之
漲退潮變化相同，皆為兩次。其他選項對於水位
高度之影響皆不大，故選 (B)。

10. **D**

【解析】　道耳頓提出原子說，認為物質皆是由「原子」所
組成。湯姆森發現原子中有著帶負電的「電子」。
拉塞福發現原子內之質量大部分集中在「原子核」
中，又進一步發現當中有帶正電的「質子」。查
兌克發現原子核中存在一種質量與質子接近的粒
子，稱為中子，故選 (D)。

11. **C**

【解析】　受某物體之萬有引力方向會指向某物體，故月球
位於圖中丙處時受到地球的萬有引力作用方向指
向左方，與太陽受到地球的萬有引力作用方向相
同，故選 (C)。

12. **B**

【解析】　圖中之繁殖方式為營養器官繁殖，屬於無性生
殖。故甲、乙、丙三者之基因型、細胞內之染色
體數皆會相同，故選 (B)。

13. **C**

【解析】　(A) 放入水中能與水反應而產生氫氣的元素是活
性極大的元素，如：鈉、鉀等金屬，其活性
極大。

   (B) 在自然界中，多以氧化物狀態存在的元素是
     活性相對較大的。
   (C) 在自然界中，多以元素狀態存在的金屬元素
     如銀、金。
   (D) 在煉鐵過程中，可使氧化鐵還原成鐵的元素
     是碳，其活性大，故可作為還原劑。

14. **A**

  【解析】 熱塑性聚合物加熱後會熔化，為鏈狀結構；網狀
      的熱固性聚合物加熱後不會熔化。

15. **B**

  【解析】 三葉蟲生長於海洋環境，而火成岩無法保留化
      石，故此岩層應為海洋環境的沉積岩層。

16. **B**

  【解析】 宇宙尺度大小關係為星系（銀河系）＞恆星（太
      陽）＞行星＞衛星。

17. **A**

  【解析】 磁力線在磁鐵外部方向為 N 極到 S 極。

18. **D**

  【解析】 由圖（十）的曲線，可推知酵素甲為澱粉酶。澱
      粉酶的主要成分為蛋白質，可將澱粉分解為糖。
      而甲活性愈高，會使澱粉的分解速率愈快。

19. **C**

【解析】　甲：細胞核 → 擁有去氧核醣核酸 (DNA)，調節
DNA 影響細胞活動

乙：液胞 → 儲存細胞中的養分和廢物

丙：粒線體 → 為細胞的發電廠，提供細胞所需
要的能量

丁：葉綠體 → 內含葉綠素，為光合作用的主要
場所

20. **D**

【解析】　浮力的基礎觀念為「密度」，若物體密度比液體
密度小，物體會浮在液體上，反之則否。題幹條
件「在容器甲內倒滿水」可讓我們假設物體被我
們壓入水中。由此可知，若物體的密度比液體大
則會浮上來，而物體密度為 2.5 g/cm^3，液體為水，
密度為 1 g/cm^3，由此可知此物體為沉體，沉體會
沉至容器底部，故選 (D)。

21. **C**

【解析】　單擺的擺角若在以內，擺動週期只與擺長有關，
與擺錘質量無關。由上表可知，甲和丙的擺動週
期幾乎相同，進而推得兩者擺長相同，故選 (C)。

22. **B**

【解析】　元素：由單一種原子組成

化合物：由兩種或兩種以上，經化學變化後以固
定比例組成

混合物：由兩種以上的純物質所組成

聚合物：由多個小分子所聚合而成，通常分子量皆大於 10000

由以上定義可推得灰色區域不可能為混合物，而氧化物不可能屬於聚合物。

其中純物質包含元素以及化合物，而氧化物位於最中央位置，代表外圍應為元素，灰色部分應為化合物（氧化物包含在化合物中），故選 (B)。

23. **B**

【解析】 排水集氣法適用於蒐集不易溶於水的氣體，所以甲為最不適合使用的氣體，可先將阿文與小薰的選項排除。置於試管中的氣體，越易溶於水者，溶於水後氣體體積減少，導致壓力下降，因而造成液體液面越高，所以推得「液面越高，氣體越易溶於水」，故溶解度應為甲＞乙＞丙，故選 (B)。

24. **D**

【解析】 (A) 揮手的動作是大腦發出訊息使手部做出動作，並非反射動作。

(B) 因為是眼睛看到朋友，故受器為眼睛。

(C) 興奮的感覺是由大腦所產生的。

25. **D**

【解析】 由農曆 16 日約為滿月可知：

當天凌晨 12 點時月亮位於天頂附近，之後便開始落下。且其為東升西落，凌晨 4：30 時仍在落下當中，故位於西方地平線附近。

26. **A**

【解析】　木質部：單向運輸（由下而上運輸水分）
韌皮部：雙向運輸（雙向運輸養分）
由圖中可知運輸方向至上而下，故不可能為木質部運輸。且題目已知為光合作用產物，故應為醣類（葡萄糖），而醣類由韌皮部運輸。

27. **D**

【解析】　由於後來發生的地質事件會影響較早發生的地質事件四個選項中：
(A) (B) 由於岩脈與斷層間並沒有交互關係，因此不能判斷是何者先發生。
(C) 可知斷層影響了岩脈，故先產生了岩脈，才發生斷層。
(D) 可知岩脈並未被斷層影響，故先發生斷層，才產生岩脈。

28. **C**

【解析】　(A) 染色體上具有許多基因段，因此無法確認有多少個基因。
(B) 若甲具有性染色體，因其成對，故減少為一半後的乙仍具有性染色體。
(C) 若甲成對，可知乙為四條不成對。
(D) 同上，若甲為成對，乙必為四條不成對。

29. **A**

【解析】　於靜止液體當中，選定任何一點，其所受周圍液體壓力皆相等，若不相等則液體將發生流動。

30. **C**

【解析】 (A) 臭氧層位於平流層當中，而非對流層。

(B) 對流層本身隨高度增加而氣溫遞減，但其並無分層。有分層現象的是大氣的分層，由低至高依序為：對流層、平流層、中氣層、增溫層。

(C) 空氣受地心引力聚集於地面，因此高度較高處氣體較稀薄，導致氣壓較低，而氣溫也隨之降低。

(D) 對流層溫度隨著高度上升而下降，因此出現上冷下熱之關係。而由於冷空氣在上，熱空氣在下，兩者密度有所差異，因此會出現上下對流。

31. **D**

【解析】 酸鹼中和為一放熱反應，且中和後的 ph 值介於兩者之間，但要注意降溫不改變其 ph 值。因此此題溫度應大於 25℃，ph 值介於 0.8～10.6 之間。

32. **C**

【解析】 頻率 = 速度 / 波長。34000 / 1000 = 34 Hz，可算出此波的頻率為 34 Hz，因此大象可聽到，但兔子不可。

33. **D**

【解析】 電路並聯，電壓相等，根據歐姆定律，通過甲的電流 = 通過乙的電流。若甲燈泡斷路，對乙燈泡

而言，電壓電阻皆不變，所以流經乙燈泡的電流
不變。對總電路而言電壓不變電阻增加，根據歐
姆定率總電流變小。

34. **B**

【解析】 熱平衡是指不同溫度的物體接觸後，會有熱量的
交換（高溫到低溫），直到溫度相等即為熱平衡。
(A) 最後平衡溫度必定小於 50℃ 大於 0℃。
(B) 最後平衡溫度 20℃～95℃ 間。
(C) 最後平衡溫度 10℃～25℃ 間。
(D) 最後平衡溫度大於 50℃ 小於 70℃。

35. **B**

【解析】 太陽夏至時直射北緯 23.5 度，冬至時直射南緯
23.5 度，圖片中在冬至夏至時影子都落在燈塔的
北方，表示太陽必定在燈塔的南方，因為燈塔必
須比北緯 23.5 度和南緯 23.5 度更北，因此答案
選北緯 40 度。

36. **A**

【解析】 電解水實驗，負極為氫氣，正極為氧氣，且氫氣
體積 > 氧氣體積
可知 X = 氫氣（甲 → 負極）、
　　　Y = 氧氣（乙 → 正極）
電鍍實驗，被鍍金屬應放在負極，欲鍍的金屬放
正極，含欲鍍金屬的電解質為電解液，因此負極
（甲）應放銅，正極（乙）放鎳，電解液使用含
鎳的電解質。

37. **A**

【解析】 甲、乙部位之循環皆為體循環，而體循環順序為：
左心室 → 大動脈 → 小動脈 → 體微血管 → 小靜
脈 → 上、下大靜脈 → 右心房
所以甲、乙部位的藥劑皆先進入右心房。

38. **C**

【解析】 根據牛頓第二運動定律公式 $F = ma$ 可知，甲、乙
兩物質量相同，所以加速度大小與外力成正比，
而由圖可知甲、乙兩物加速度比為 4：1，故甲、
乙兩物所受外力也為 4：1。

39　**A**

【解析】 甲式：反應物比生成物多了 2 個 N、4 個 O，
故可知生成物少了 $2NO_2$。
乙式：反應物比生成物多了 2 個 N、2 個 O，
故可知生成物少了 $2NO$。

40. **A**

【解析】 已知甲和乙為同一類型板塊邊界，且都為於大洋
中央，推測為中洋脊，也就是屬於新生海洋地殼
的張裂性板塊邊界。張裂性板塊邊界大多為火山、
地震與斷層帶，而海溝則是聚合性板塊邊界。

41. **B**

【解析】 食物鏈階層之能量轉換，每提高一層都會降為原
本的 10%。
甲為 3 層，生產者總能量為最上層消費者的 100

倍；乙為 4 層，生產者能量為最上層消費者的
1000 倍，又從題目中得知兩者的最上層總能量相
同，可推算出乙的生產者總能量為甲的生產者總
能量的 10 倍。

42. **C**

【解析】 (A) 酸鹼中和反應加入酚酞指示劑是為了判斷實
　　　　　　驗中是否有達到滴定終點。

　　　　 (B) 皂化反應加入氫氧化鈉是為了與油脂反應，
　　　　　　屬於反應物。

　　　　 (C) 酯化反應加入濃硫酸是為了增加反應速率，
　　　　　　符合題意。

　　　　 (D) 碳酸鈣與鹽酸反應會產生二氧化碳，屬於反
　　　　　　應物。

43. **D**

【解析】 題目所示，若將蠟燭放置丙處，則會在同一側出
現正立放大虛像，因為虛像無法在紙屏上成像，
因此不選 (A) (B) (C)，但可在透鏡另一側利用眼睛
觀察，故選 (D)。

44. **C**

【解析】 首先在圖（三十四）中，是因為聖嬰現象導致祕
魯外海表層水溫改變，漁獲量減少，因此無法捕
魚。在圖（三十五）中，因為是正常年，祕魯外
海會有強烈湧升流出現，可將海底富含營養鹽的
低溫海水帶至海面，使得魚群聚集，因此捕獲量
大增，故選 (C)。

45. **B**

【解析】 根據題意我們可以畫出下列圖：

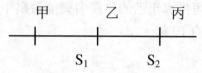

從題意可知路線為甲 → 乙 → 丙 → 乙

平均速度：$\dfrac{S_1}{t} = 3$，$S_1 = 3t$

平均速率：$\dfrac{S_1 + S_2 + S_2}{t} = 15$，$S_2 = 6t$

因此可知，$S_1 : S_2 = 3t : 6t = 1 : 2$，故選 (B)。

46. **A**

【解析】 在無光源的環境中，植物莖有背地性，因此會向上生長，故選 (A)。

47. **B**

【解析】 夫妻性狀皆為 Aa 時，Aa × Aa 會產生子代基因型為 AA : Aa : aa = 1 : 2 : 1。

表現型顯性：AA、Aa　　　表現型隱性：aa

有兩種表現型，故選 (B)。

48. **D**

【解析】 取甲杯溶液

體積：1L = 1000 mL　　質量為 1 × 1000 = 1000 g

蔗糖的質量為 0.5 × 1 × 342 = 171 g

重量百分濃度為 171/1000 × 100% = 17.1%

由此可知，17.1% > 0.5%。因此甲濃度 > 乙濃度。

滲透時，較多水由低濃度溶液滲入高濃度溶液中。
當濃度相等時，滲入和滲出的水量會一樣。

丙在甲、乙中，其中有一個形狀不變，另一個形
狀萎縮，體積變小，代表丙的濃度和乙相近，但
比甲小，因此濃度大小關係為：甲 > 乙 = 丙，
故選 (D)。

49-50 為題組

49. **A**

【解析】　由上列敘述中可得知，此互動關係對偏側蛇蟲草
菌（寄生者）有利，對螞蟻（寄主）有害，故為
寄生，選 (A)。

50. **C**

【解析】　偏側蛇蟲草菌有菌絲，且會釋放孢子，推測為菌
物（真菌）界生物，選項中僅酵母菌也屬於菌物
界，故選 (C)。

51-52 為題組

51. **B**

【解析】　每更換 1 盞，一個月可節省 2700 度 / 300 = 9 度
= 9 kW・hr = 9000 W・hr 的電能

每一盞燈一個月使用 30 × 10 小時 = 300 小時

每一盞燈節省功率 = 9000 W・hr / 300 hr = 30 W

故選 (B)。

(A) 節省電能 = (40 − 7) × 300 (盞) × 10 (小時) ×
　　30 (天) / 1000 = 2970 度。

(C) 節省電能 = (60 − 9) × 300 (盞) × 10 (小時) ×
30 (天) / 1000 = 4590 度。

(D) 節省電能 = (60 − 13) × 300 (盞) × 10 (小時) ×
30 (天) / 1000 = 4230 度。

52. **B**

【解析】 CO_2 分子量 44

$$CO_2 \text{ 莫耳數} = \frac{CO_2 \text{總量}}{CO_2 \text{分子量}} = \frac{1447000}{44} \text{ (莫耳)}$$

CO_2 分子數量 = CO_2 莫耳數 × 6×10^{23}

$$= \frac{1447000}{44} \times 6 \times 10^{23} \text{(個分子)}$$

53-54 為題組

53. **C**

【解析】 (A) 不一定，體感溫度有可能與氣溫相同甚至比
氣溫低，可參考氣溫 28℃ 時的體感溫度。

(C) 不一定，氣溫須達 32℃ 以上，溼度為 100%
時，酷熱指數才會達到極度危險等級。

(C) 正確。

(D) 不可能，氣溫 31℃ 時，就算溼度達 100%，
酷熱指數也只達到危險等級。

54. **B**

【解析】 水分蒸發（液態變氣態）是吸熱變化
屬於物質狀態變化，是物理變化，水分子內的原
子不會重新排列。故選 (B)。

107 年度國中教育會考
自然科公佈答案

題　號	答　案	題　號	答　案	題　號	答　案
1	A	19	C	37	A
2	A	20	D	38	C
3	D	21	C	39	A
4	B	22	B	40	A
5	C	23	B	41	B
6	C	24	D	42	C
7	D	25	D	43	D
8	A	26	A	44	C
9	B	27	D	45	B
10	D	28	C	46	A
11	C	29	A	47	B
12	B	30	C	48	D
13	C	31	D	49	A
14	A	32	C	50	C
15	B	33	D	51	B
16	B	34	B	52	B
17	A	35	B	53	C
18	D	36	A	54	B

107 年國中教育會考國文科試題

一、單題:(1~33題)

1. 「我寧願去品嘗辛辣的憤怒,憤怒潑辣中仍不失狂放的熱情□我也寧願去深深咀嚼苦味,苦味中還有深沉的傷痛與悲哀,可以痛定思痛,有猛省的作用□唯獨酸腐,只有餿臭敗壞一途,是生命最無意義的浪費啊□」文中缺空處,依序填入下列哪一組標點符號最恰當?

(A) ， ： ── 　　　　(B) ， ； ……

(C) ； 。 ！ 　　　　(D) ； ， ？

2. 下列文句中的連詞,何者使用最恰當?

(A) 只要腳踏實地工作,才能獲得最後成功

(B) 即使你現在願意這樣做,對方也未必會感激

(C) 與其思考如何克服現實,反而思考如何接受現實

(D) 他不但精通<u>英</u>、<u>日</u>語,更何況<u>德</u>語也說得十分流利

3. 「整個寒假,都不見你的□□。古人說:『衣帶漸寬終不悔,為伊消得人憔悴』,如今我深深體會了。這段日子來□□見我失魂落魄的樣子,責罵我□□□□,但我不管,我相信『精誠所至,金石為開』……」這是一封未完成的情書,缺空處填入下列哪一組詞語最恰當?

(A) 倩影／家父／作繭自縛 　　(B) 行蹤／先母／籠中之鳥

(C) 龍顏／家慈／困獸猶鬥 　　(D) 花容／先嚴／脫韁野馬

4. 以下圖表，是某年經濟合作與發展組織（OECD）針對各國各
階段教育每人所分得經費的調查結果：

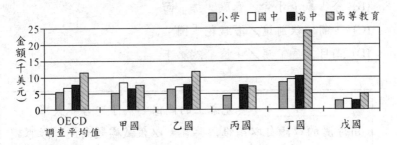

根據這張圖表，下列敘述何者正確？

(A) 甲國小學生所分得的教育經費高於 OECD 調查平均值

(B) 丙國國中生所分得的教育經費高於 OECD 調查平均值

(C) 各國高等教育學生所分得的經費皆多於其他階段學生

(D) 相較於其他國家，丁國高中生所分得的教育經費最高

5. 「電影本身就如同造船的藍圖，而電影特效是螺絲釘，我們應
該先策劃一部電影，再依照這部電影的需求，扶植特效團隊，
而不是扶植了特效團隊後，卻不知道這個特效團隊將來要為誰
工作。因此，臺灣電影產業現在面對的難題是藍圖的問題，好
劇本在哪裡？好製作案在哪裡？而不是只會埋頭苦幹，努力研
發螺絲釘，雖然這也很重要，但先有藍圖，等整個市場有起色
後，再去扶植，力量才會更大。」下列敘述何者最符合這段文
字的觀點？

(A) 好的劇本和製作案是發展電影產業的根本

(B) 電影要有好的特效，才能吸引廣大的觀眾

(C) 策劃一部電影，需要先開發市場，再打造藍圖

(D) 製作電影的過程中，每個環節都是重要的螺絲釘

6. 下列詞語「」中的字，哪一組前後讀音相同？
   (A) 令人「咋」舌／「乍」看之下
   (B) 含「氟」牙膏／春風「拂」面
   (C) 「匍」伏前進／灌溉花「圃」
   (D) 滿目「瘡」痍／「愴」然涕下

7.

> ＿＿＿＿＿＿＿。螢光幕上的偶像，爲了迎合「大眾」，用浮濫的口語自以爲雅俗共賞。以報紙標題爲例，形容詞用「爆」，用「不行」……，某個東西好吃，説法是「好吃到不行」，還有「好看到不行」、「好聽到不行」，一個「不行」，囊括了所有的感覺。當人們不再用準確的文字描述世界時，有一天，世界的細緻之處會不會也消失不見？

這段文字開頭畫線處點出段落要旨。據此判斷，應填入下列何者最恰當？
   (A) 偶像總能帶動風潮，使青少年趨之若鶩
   (B) 媒體已注意到生活語言有庸俗化的傾向
   (C) 文字的奧妙之處，在於能兼顧小眾與大眾的品味
   (D) 文字的口語化與粗俗化，正壞蝕我所理解的世界

8. 「真正的詩是詩人的心靈，真正的船是造船者，我們倘若能把人剖開來，就能夠在他裡面看到他的作品裡最微末的一撇一鉤的理由。」這段文字的涵義與下列何者最接近？
   (A) 作品皆是創作者內心情志的投射
   (B) 創作心境的重要性高於呈現技巧
   (C) 藝術創作的精髓源於用心仔細觀察
   (D) 不同的創作可能有相同的內在精神

9. 「自然界中,在透明度較高的水清水域,通常硝酸鹽、磷酸鹽等營養鹽的含量較少,相反地水濁時含量較多。營養鹽一旦缺乏,植物性浮游生物就發育不好,以它維生的動物性浮游生物就會變少,連帶影響取食動物性浮游生物的小魚和取食小魚的大型魚的生存。」根據這段文字,下列推論何者正確?
(A) 水域混濁時,大魚數量會減少
(B) 水域清澈時,浮游生物容易繁殖
(C) 在浮游生物多的水域中,魚類較容易生存
(D) 同一水域中,動物性與植物性浮游生物的多寡成反比

10. 「九宮格內用細線界一井字,以均布字之點畫,凡字無論疏密斜正,必有精神挽結之處,是為字之中宮。然中宮有在實畫,有在虛白,必審其字之精神所注,而安置於格內之中宮。然後以其字之頭目手足分布於旁之八宮,則隨其長短虛實而上下左右皆相得矣。」這段文字所要說明的內容<u>不包含</u>下列何者?
(A) 強調墨色的層次變化　　(B) 精究字體精神之所在
(C) 重視字體的均衡美感　　(D) 指出筆畫的布局原則

11. 「古代文人一旦□□官海波濤,不但在現實面上要飽受權力紛爭所帶來的煎熬,在□□層面上,也需在仕隱哲學體系中忍受種種考驗與掙扎。」根據文意脈絡,缺空處依序填入下列何者最恰當?
(A) 沉淪／抽象　　　　(B) 浮沉／精神
(C) 浸淫／生活　　　　(D) 漂泊／知覺

12. 下列文句「」中的詞語,何者使用最恰當?
(A) 我和哥哥深夜返家,惟恐驚動家人,只好「躡聲躡足」

(B) 為了購屋，他「日出而作，日入而息」，焚膏繼晷努力工
作

(C) 元宵燈會時，馬路上車水馬龍，熙來攘往，簡直「天衣無
縫」

(D) 有些人雖然外表光鮮，卻淨做些傷天害理的事，真是「表
裡相濟」

13. 下列文句，何者用字完全正確？

(A) 他倆研究方法不同，卻殊徒同歸，得出相同的結論

(B) 經過老師的開導之後，他茅塞頓開，心情豁然開朗

(C) 因為嬌矜自滿的態度，他的成績始終無法大幅進步

(D) 他的穿著總是一層不變，終年都是一套藏青色西裝

14. 「我們的情緒狀態有很大一部分是取決於我們在注意什麼，一
般是聚焦於目前在做的事情上。例如想從吃得到快樂，必須注
意到自己正在吃。否則，花同樣時間在吃東西，但是把吃和別
的活動綜合在一起，吃的快樂就被稀釋了。」下列何者與這段
文字的涵義最接近？

(A) 人的好惡常因外在事物改變

(B) 專注於情緒的控制就能得到快樂

(C) 主觀感受與關注的事情密切相關

(D) 追求物質享受無法得到真正的快樂

15. 下列文句，何者有語病？

(A) 這部電影劇情溫馨感人，令全場觀眾熱淚盈眶

(B) 他負笈國外多年，每次想到母親的拿手菜，不免離情依依

(C) 對剛從零下三度的東京來的人而言，臺北這十二度的氣溫算得了什麼

(D) 離開那間商店已經很久了，但我仍掛念那個價格昂貴、買不下手的玩偶

16. 關於甲、乙兩則標語的分析，下列敘述何者正確？

【甲】請勿踐踏草地　　【乙】手下留情，足下留青

(A) 前者平鋪直敘，表達訴求

(B) 後者句式優美，義正辭嚴

(C) 兩者皆強調守法的重要

(D) 兩者皆具有警告的意味

17. 「家國身猶負，星霜鬢已侵。」句中以「霜」來形容鬢髮變白。下列詩句中的「霜」字，何者也是指鬢髮變白？

(A) 不知明鏡裡，何處得秋霜

(B) 遙夜一美人，羅衣霑秋霜

(C) 心隨朗日高，志與秋霜潔

(D) 五月思貂裘，謂言秋霜落

18. 下列文句，何者沒有冗言贅字？

(A) 比賽中，只見每位選手們各個摩拳擦掌，準備贏得勝利

(B) 典禮主持人言辭幽默，反應靈敏，實為難得一見的人才

(C) 看到自己暗自支持的球隊贏了，球迷臉上浮出現喜悅的笑容

(D) 球員參賽不僅僅只是為追求勝利，更重要在乎的是運動精神

19. 「走向未知的路，路還很長；只走已知的路，路很快就會走到
　　盡頭。」這句話的涵義與下列何者相去最遠？
　　(A) 未知的路可給人更寬闊的想像與期待
　　(B) 未知的路相較於已知的路更難以掌握
　　(C) 走已知的路比較有明確的目標可追尋
　　(D) 無論未知或已知的路途都要勇敢面對

20.

☆○○○○○○○○☆　☆○○○○○○○☆	○○○○○○☆　☆○○○○○○☆　○○○○○○☆
哎，一個搦管弄翰¹的女子 被認為無比狂愚 沒有美德能補救這一過失 人們認為我們忘了身為女子及行其所宜 禮儀，時尚，跳舞，衣裝，遊樂， 乃我們應學習之事；	寫作，閱讀，思維，探索， 會使我們的美顏憔悴，時間枉費 且使我們的黛綠年華幾成虛度 而乏味瑣屑家務的治理 有人卻認為是我們最高的藝術最大的用處。 　　　　　　——維吉尼亞·吳爾芙

本詩作者表現出的心態最可能是下列
何者？

　📖
1. 搦管弄翰：執筆為文。
　　搦，音ㄋㄨㄛ、

　　(A) 對女性文人不被認同的處境抱屈
　　(B) 對女性應廣泛學習各類才藝有所堅持
　　(C) 對自己把青春年華消耗在寫作上感到不值
　　(D) 對自己能以藝術的手法處理家事感到自豪

21. 「藏書室是一處有著許多迷睡靈魂的神奇陳列室，當我們呼叫
　　他們，這些靈魂就甦醒過來。」這句話的意旨，與下列何者最
　　接近？
　　(A) 許多作家在藏書室找到心靈的歸屬
　　(B) 好的作品可以喚醒讀者迷睡的靈魂
　　(C) 讀者可透過閱讀與作者的心靈相通
　　(D) 迷失在書海的讀者需要適當的指引

22.「今之士俗，無不好詩，甫就小學，必甘心而馳騖焉。於是庸音雜體，人各爲容。至使膏腴子弟，恥文不逮，終朝點綴，分夜呻吟。獨觀謂爲警策¹，眾睹終淪平鈍。」作者寫作這段文字的用意，最可能是下列何者？

(A) 歌頌詩風鼎盛，雅俗共賞

(B) 憂心以詩取士，難得眞才

(C) 慨嘆詩風雖盛，但少有佳作

(D) 讚嘆各類詩體兼備，蔚爲大觀

> 1. 警策：作品中精彩扼要足以驚動讀者的部分

23.「脫離傳統，藝術就像沒有牧羊人的羊群；缺乏創新，藝術不過是具行屍走肉。」下列何者最能體現這句話的精神？

(A) 技法自出機杼的新銳畫家

(B) 模仿當紅偶像的素人團體

(C) 融古典於現代的陶藝創作

(D) 遵循古法維護的古老建築

24.「秦王與中期爭論，不勝。秦王大怒，中期徐行而去。或爲中期説秦王曰：『悍人也，中期！適遇明君故也。向者遇桀、紂，必殺之矣。』秦王因不罪。」根據這段文字，下列敘述何者正確？

(A) 中期説服秦王不加罪於他

(B) 秦王因中期與人爭論不勝而大怒

(C) 中期徐行而去，表現其謙和的應對態度

(D) 秦王不怪罪中期的原因是不願被比做桀、紂

25. 下列文句「」中的字，何者意義前後相同？

(A) 舜「發」於畎畝之中／徵於色，「發」於聲，而後喻

(B) 奇山異水，天下獨「絕」／明山秀水，令人讚不「絕」口

(C) 心之所「向」，則或千或百，果然鶴也／大軍之至，所「向」披靡

(D) 爺孃聞女來，出郭相扶「將」／欲「將」此意與君論，復道秦關尚千里

26. 「證照是除了學經歷以外，最能量化專業能力的職場有形資產。無形資產如：良好態度、人際關係等，雖更能左右一個人的工作表現，但卻也較難當作客觀的評估工具，尤其是面對新鮮人求職時。據調查，六成四的企業會給擁有職務相關證照者優先面試的機會。」下列敘述何者最符合這段文字的內容？

(A) 不是所有企業都會優先面試擁有職務相關證照的人

(B) 由職務相關證照可判斷一個人的工作態度是否良好

(C) 面對新鮮人求職時，證照較難當作客觀的評估工具

(D) 證照是最能將求職者專業能力量化的職場有形資產

27. 下列選項「」中的注音寫成國字之後，何者兩兩相同？

(A) 功虧一「ㄎㄨㄟˋ」／衣食無「ㄎㄨㄟˋ」

(B) 衣「ㄍㄨㄢ」禽獸／羽扇「ㄍㄨㄢ」巾

(C) 運「ㄔㄡˊ」帷幄／拔得頭「ㄔㄡˊ」

(D) 「ㄩㄥ」容華貴／「ㄩㄥ」人自擾

28. 「去新城之北三十里，山漸深，草木泉石漸幽。初猶騎行石齒間，旁皆大松，曲者如蓋，直者如幢，立者如人，臥者如虯。松下草間有泉，沮洳伏見」，墮石井，鏘然而鳴。松間藤數十尺，蜿蜒如大螈。其上有鳥，黑如鴝鵒，赤冠長喙，俯而啄，磔然有聲。」關於這段文字的寫作手法，下列敘述何者正確？

(A) 文中寫松最爲詳盡，有聲有色有形有狀

(B) 以譬喻的手法描繪山間林木泉石與鳥鳴

(C) 由小景寫至大景，層層推進，井然有序

(D) 藉鏘然泉聲、磔然鳥聲反襯山林的幽靜

> 1. 沮洳伏見：指泉水涓涓滲流在松下草間。沮洳，音ㄐㄩˋ ㄖㄨˋ

29. 「有客謂子野曰：『人皆謂公張三中，即心中事、眼中淚、意中人也。』公曰：『何不目之爲張三影？』客不曉，公曰：『雲破月來花弄影；嬌柔懶起，簾壓捲花影；柳徑無人，墜輕絮無影：此余平生所得意也』。」根據這段文字，下列敘述何者錯誤？

(A) 子野詞作風格以婉約、柔美爲主

(B) 寫作用字，子野有其特殊的喜好

(C) 子野自認平生佳作無多，僅此三則

(D) 世人稱許之處，子野未必全盤同意

30.

> 「一人疾焉而醫者十，並使之歟？」曰：「使其尤良者一人焉爾。」「烏知其尤良而使之？」曰：「眾人之所謂尤良者，而隱₁之以吾心，其可也。夫材不相逮，不相爲謀，又相忌也。人之愚不能者常多，而智能者常少，醫者十，愚不能者烏知其不九邪？並使之，一日而病且亡，誰者任₂其咎邪？」

作者在這段文字中雖論使醫治病，但用意卻在談用人治國之理。據此，作者主張在上位者應該如何？

> 1. 隱：詳細考量
> 2. 任：擔當、承受

(A) 眾口交譽之人，直接任用

(B) 善於汰劣擢優，委賢重任

(C) 務求廣納眾議，興利除弊

(D) 使愚智不相忌，同心爲國

31. 【甲】春雪滿空來，觸處似花開。不知園裡樹，若個₁是眞梅？
   【乙】牆角數枝梅，凌寒獨自開。遙知不是雪，爲有暗香來。
   根據甲、乙兩詩的內涵，下列敘述何者最恰當？

   (A) 甲詩以梅喻雪，乙詩以雪喻梅

   (B) 甲詩主題是詠雪，乙詩主題是詠梅

   (C) 兩詩所描繪的都是暮春夜晚的景致

   (D) 兩詩作者都無法分辨眼前所見是雪還是梅

   > 📖
   > 1. 若個：哪個

32.

> 子胥出逃，邊候₁得之。子胥曰：「上索我者，以我有美珠也。今我已亡之矣，我將謂子取而吞之。」候因釋之。

根據這段文字，下列敘述何者正確？

(A) 子胥用言語威脅邊候以求自保

(B) 子胥以美珠賄賂邊候換取自由

(C) 邊候侵吞子胥的美珠又誣陷他

(D) 邊候相信子胥的清白而釋放他

> 📖
> 1. 邊候：邊吏

33.

> 隋煬帝善屬文₁，而不欲人出其右，司隸薛道衡由是得罪。後因事誅之，曰：「更能作『空梁落燕泥』否？」

根據這段文字，可以推知下列
何者？

> 📖
> 1. 屬文：連綴字句而成文，
>   指寫文章

(A) 煬帝命薛道衡作詩，薛因
　　抗命而被殺

(B) 薛道衡死後，煬帝感嘆再也無人能出其右

(C) 薛道衡因事被誅，臨刑以「空梁」一詩明志

(D) 煬帝嫉妒薛道衡能有「空梁落燕泥」這等佳句

二、題組：(34～48 題)

請閱讀以下文章，並回答 34～35 題：

　　最近仰光進入雨季，我看著路上行人的拖鞋，想到多年前
初到緬甸工作時發生的事。

　　緬甸的正式服裝，無論男女，一定是長到腳踝的沙龍配上
紅色呢絨面的牛皮拖鞋。既然穿拖鞋的時間這麼多，舒適度就
很重要。但奇怪的是，緬甸人在我眼中好「沒常識」，總喜歡買
小一號的拖鞋，感覺腳跟都露在外面，看了就覺得不舒服。

　　直到一個當地朋友解釋給我聽：「緬甸雨季長，要是拖鞋比
腳長，每走一步就會將雨水濺起來，弄溼沙龍的下擺。」

　　原來「鞋子要比腳大一點點比較好」這種想法，完全不適
用生活在一年有半年是雨季地方的人。如果用我們已知的想法
看待緬甸人，自然覺得他們莫名其妙，又不是說小一點的鞋子
用料就可以少一點、價格便宜一點，何必那麼委屈呢？

　　實際上，我問了其他東南亞國家的朋友，尤其是印尼人，
也覺得鞋子長度不能超過腳丫子，是理所當然的「常識」。

　　從那一刻起，我學會了＿＿＿＿＿＿＿＿＿＿＿＿。

　　我在工作跟生活當中，每次聽到某些人鼻孔哼氣，說「這用腳底想也知道」，或是「那根本就是常識啊」，總是會為對方冒一陣冷汗，一個不知道自己認知的常識並非放諸四海皆準的人，恐怕才是最欠缺常識、被人當作笑話談論的那個。

　　去過世界越多地方，我越覺得自己常識不足。夏天在公眾運輸工具上，若有人坐在一個位置上很久剛起身，我們一定嫌熱不會想去坐。我去埃及唸書，卻發現即使旁邊還有空位，大家都會去搶別人剛剛坐過的座位，原來剛坐過的位置最涼爽，因為人的體溫只有攝氏 37 度，但外面的氣溫高達 45 度。這種<u>埃及人一定都知道的「常識」</u>，任何一個來自夏天不會超過 37 度國家的人，都絕對不會有。

　　我的眼睛朝著自己的腳望去，只看得到腳背，完全看不到腳下的拖鞋，「嗯，這雙大小剛剛好啊！」我在心裡跟自己說，起身走進雨中的<u>仰光</u>，滿心愉悅！

—— 改寫自褚士瑩〈大小剛好的鞋子〉

34. 根據本文，下列敘述何者正確？
　(A) 作者在<u>仰光</u>也會穿小一號的拖鞋
　(B) <u>印尼</u>人習慣穿比腳大一號的拖鞋
　(C) 雨季時<u>緬甸</u>人喜歡穿小一號的沙龍
　(D) <u>埃及</u>人的正常體溫較其他國家的人高

35. 畫線處為<u>本文主旨所在</u>，根據前後文意脈絡，填入下列何者最恰當？
　(A) 不懂的事就應該問人，以免成為別人的笑柄
　(B) 注重事物的本質，鞋子的實用與否比美觀更加重要

(C) 每個人的欣賞觀點不盡相同，那是和各人的性格有關

(D) 不要用自己的常識來判斷別人，並且尊重在地的生活智慧

請閱讀以下圖表，並回答 36～37 題：

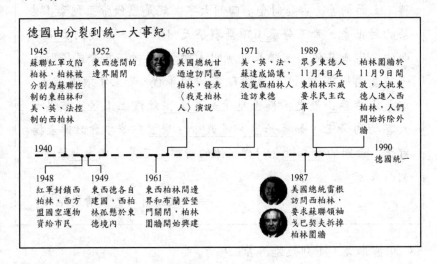

德國由分裂到統一大事紀

1945
蘇聯紅軍攻陷柏林，柏林被分割為蘇聯控制的東柏林和美、英、法控制的西柏林

1952
東西德間的邊界關閉

1963
美國總統甘迺迪訪問西柏林，發表〈我是柏林人〉演說

1971
美、英、法、蘇達成協議，放寬西柏林人造訪東德

1989
眾多東德人11月4日在東柏林示威要求民主改革

柏林圍牆於11月9日開放，大批東德人進入西柏林，人們開始拆除外牆

1940　　　　　　　　　　　　　　　　　　　　　　　　　1990
德國統一

1948
紅軍封鎖西柏林，西方盟國空運物資給市民

1949
東西德各自建國，西柏林孤懸於東境內

1961
東西柏林間邊界和布蘭登堡門關閉，柏林圍牆開始興建

1987
美國總統雷根訪問西柏林，要求蘇聯領袖戈巴契夫拆掉柏林圍牆

36. 根據這張圖表，下列敘述何者正確？

(A) 東、西德統一後，開始拆除柏林圍牆

(B) 東、西德從各自建國到統一超過四十年

(C) 蘇聯紅軍占領柏林後就開始興建柏林圍牆

(D) 柏林圍牆拆除後，西柏林人始能造訪東柏林

37. 根據圖表推論，右列事件發生的先後順序最可能是何者？

(A) 甲→乙→丙→丁

(B) 甲→丁→乙→丙

(C) 乙→甲→丙→丁

(D) 乙→丙→甲→丁

甲、甘迺迪訪問西柏林

乙、布蘭登堡門關閉

丙、雷根當選美國總統

丁、戈巴契夫下臺

請閱讀以下短文，並回答 38～39 題：

> 　　封禪泰山是評價一個皇帝在任期間功績的標準，作為曠世盛典，儀式極為隆重。泰山 天柱峰的西北側，有一塊高大的石碑，上面刻著「古登封臺」四個大字，就是歷代帝王到泰山告祭的封祀臺。帝王登泰山頂築壇祭天叫「封」，然後到泰山下面的梁甫或其他山上辟基祭地叫「禪」。封禪極其勞民傷財，一般是內風調雨順、外無強敵窺伺的年代，帝王才敢上泰山。但是看看泰山歷史，盛世皇帝如唐太宗就沒上山，大概是好大喜功的帝王，如秦始皇、漢武帝、唐玄宗等才會封禪表揚自己，亡國的秦二世也封禪，他的封禪刻石是丞相李斯篆書鐫刻而成。
>
> 　　　　　　　　　　　　── 改寫自吳真《唐詩地圖》

38. 根據本文，下列敘述何者正確？

　　(A) 「封」和「禪」在同一處進行

　　(B) 封禪的目的是為天下萬民祈福

　　(C) 物富民豐的年代才會舉行封禪

　　(D) 舉行封禪的皇帝未必賢德英明

39. 秦二世封禪石刻所用的字體，與下列何者最接近？

(A)　　　　　　(B)　　　　　　(C)　　　　　　(D)

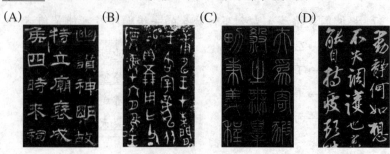

請閱讀以下短文，並回答40～41題：

　　市場上真正重要、甚至可以救命的藥品其實正日漸稀少。一旦被藥廠認定不會帶來利潤的藥，馬上就會停止生產。有時候，藥廠決定停止生產重要藥品的原因，是想騰出生產線來製造其他更有利潤的藥物。

　　美國食品藥物管理局規定：藥廠決定停產具有「醫療必要」的專賣藥品時，需要在六個月前提出。但這項規定卻形同具文，無人遵守。2001年就有很多重要藥品出現嚴重短缺，包括一些麻醉藥、治療蛇毒的抗蛇毒血清、早產兒用的類固醇、血友病的抗凝血藥、心臟衰竭用的注射藥，以及成人流感與肺炎疫苗。

　　短缺情況最嚴重的是小兒疫苗。在2000年時，白喉、破傷風、百日咳三合一的疫苗數量不足，美國疾病管制局只好建議：嬰兒只需要接種標準五劑中的前三劑就好，並取消追加注射。疾管局還建議延期注射麻疹、腮腺炎和德國麻疹疫苗，以及天花疫苗的二次接種。2002年底，疫苗供應情況稍稍回穩，疾管局才又建議回歸原始的接種程序。這個問題一直無法徹底解決，原因是製造疫苗的藥廠越來越少，比起二十年前約十六家的榮景，現在只有區區四家在生產。

　　　　　　　　　　—— 改寫自瑪西亞·安卓《藥廠黑幕》

40. 根據本文，藥廠生產藥物的原則為下列何者？
　　(A) 以民眾的需求為考量
　　(B) 以疾病的輕重為依據
　　(C) 以政府的規定為準則
　　(D) 以利潤的追求為優先

41. 根據本文，<u>無法</u>推知下列何者？
    (A) 治療蛇毒的抗蛇毒血清利潤不夠高
    (B) 利潤愈來愈低，所以藥廠越來越少
    (C) 天花疫苗原本的標準接種次數不只一次
    (D) <u>美國</u>疾管局建議延期注射是因為疫苗供應不足

請閱讀以下短文，並回答42～43題：

　　「旁若無人」的精神表現在日常行為上者不只一端，其中經常令人困惱的乃是高聲談話。在喊救命的時候，聲音當然不嫌其大，除非是脖子被人踩在腳底下，但是普通的談話令人聽見即可，而無須一定要力竭聲嘶的去振聾發聵。生理學告訴我們，發音的構造是很複雜的，說話一分鐘要有九百個動作，有一百塊筋肉在弛張，但是大多數人似乎還嫌不足，恨不得嘴上再長一個擴大器。有個外國人疑心我們國人的耳鼓生得異樣，那層膜許是特別厚，非扯著脖子喊不能聽見，所以說話總是像打架。這批評有多少真理，我不知道。不過我們國人會嚷的本領，是誰也不能否認的。電影場裡電燈初滅時候，總有幾聲「噯喲，<u>小三兒</u>，你在哪兒哪？」在戲院裡，演員像是演啞劇，大鑼大鼓之聲依稀可聞，主要的聲音是觀眾鼎沸，令人感覺好像是置身蛙塘。在旅館裡，好像前後左右都是廟會，不到夜深休想安眠，安眠之後難免有響皮底的大皮靴，毫無慚愧的在你門前踱來踱去。天未亮，又有各種市聲前來侵擾。一個人大聲說話，是本能；小聲說話，是文明。以動物而論，獅吼，狼嗥，虎嘯，驢鳴，犬吠，即使是小如促織蚯蚓，聲音都不算小，都不會像人似的有時候也會低聲說話。大概文明程度愈高，說話愈不以聲大見長。群居習慣愈久，愈不容易存留「旁若無人」

的幻覺，我們以農立國，鄉間地曠人稀，畎畝阡陌之間，低聲說一句「早安」是不濟事的，必得扯長了脖子喊一聲「你吃過飯啦？」可怪的是，在人煙稠密的所在，人的喉嚨還是不能縮小。更可異的是，紙驢嗓，破鑼嗓，喇叭嗓，公雞嗓，並不被一般人認為是缺陷，而且「麻衣相法」還公然的說，聲音洪亮者主貴！

　　　　　　　　　　—— 改寫自梁實秋〈旁若無人〉

42. 根據作者的觀點，下列行為何者屬於文明人的象徵？
　　(A) 晚上在旅館小聲說話
　　(B) 在戲院看演員演啞劇
　　(C) 在鄉間見面時大聲問好
　　(D) 被人踩住脖子時大喊救命

43. 關於本文的寫作手法，下列敘述何者最不恰當？
　　(A) 援引事例，用以展開論述
　　(B) 語帶詼諧，有時穿插反話
　　(C) 用語生動，形容描摹如在眼前
　　(D) 中西對照，顯揚民族文化精神

請閱讀以下短文，並回答 44～46 題：

　　朱梁時，青州有賈客泛海遇風，飄至一處，遠望有山川城郭。海師曰：「往昔遭風，未嘗至此。吾聞鬼國在是，莫非此耶？」頃之，舟至岸，因登岸，向城而去。其廬舍田畝，不殊中國。見人皆揖之，而人皆不見己。至城，有守門者，揖之，亦不應。入城，屋室人物甚殷，遂至王宮。正值大宴，群臣侍

宴者數十，其器用絲竹陳設之類，多類<u>中國</u>。客因升殿，俯逼王座以窺之。俄而王有疾，左右扶還，亟召巫者視之。巫至，曰：「有陽地人至此，陽氣逼人，故王病。其人偶來爾，無心為祟，以飲食車馬謝遣之，可矣。」即具酒食，設座於別室，巫及其群臣皆來祀祝，客據案而食。俄有僕夫馭馬而至，客亦乘馬而歸，至岸登舟，國人竟不見己，<u>復遇便風得歸</u>。時<u>賀德倫</u>為<u>青州</u>節度，與<u>魏博</u>節度<u>楊師厚</u>有親，因遣此客使<u>魏</u>，其為<u>師厚</u>言之。<u>魏</u>人<u>范宣古</u>親聞其事，為余言。

—— 改寫自《太平廣記·青州客》

44. 故事中<u>雙底線</u>處所省略的主詞，何者<u>不是</u> <u>青州客</u>？
    (A) 向城而去
    (B) 見人皆揖之
    (C) 亦不應
    (D) 復遇便風得歸

45. 根據故事內容，下列敘述何者正確？
    (A) <u>青州客</u>登岸所見的房舍田畝，皆與<u>中國</u>不同
    (B) 國王生病的原因是<u>青州客</u>接近王座窺探
    (C) 巫師建議大肆祝祀並齋戒沐浴以接待<u>青州客</u>
    (D) <u>青州客</u>遠離時，王國中的人皆避而不見

46. 文末「時<u>賀德倫</u>為<u>青州</u>節度，與<u>魏博</u>節度<u>楊師厚</u>有親，因遣此客使<u>魏</u>，其為<u>師厚</u>言之。<u>魏</u>人<u>范宣古</u>親聞其事，為余言。」這段文字的作用最可能是下列何者？
    (A) 顯示作者的交遊廣闊
    (B) 點出故事發生的地點
    (C) 表明作者的身分、來歷
    (D) 強調故事內容言而有據

請閱讀以下短文，並回答 47～48 題：

> 　　有疑陶淵明詩篇篇有酒，吾觀其意不在酒，亦寄酒爲跡者也。其文章不群，辭采精拔，跌宕昭彰，獨超眾類，抑揚爽朗，莫之與京[1]。橫素波而傍流，干青雲而直上。語時事則指而可想，論懷抱則曠而且真。加以貞志不休，安道苦節，不以躬耕爲恥，不以無財爲病。自非大賢篤志，孰能如此乎？余愛嗜其文，不能釋手，尚想其德，恨不同時。
>
> 　　　　　　　　　　—— 改寫自蕭統〈陶淵明集序〉

47. 根據本文，下列句意說明何者
正確？

　　┌─────────────────┐
　　│ 📖 　　　　　　　　 │
　　│ 1. 莫之與「京」：齊等 │
　　└─────────────────┘

(A) 亦寄酒爲跡者也——有酒之處必有陶淵明蹤跡

(B) 抑揚爽朗，莫之與京——文章起伏跌宕、清朗通達，無人能及

(C) 干青雲而直上——志向遠大，在仕途上也曾飛黃騰達

(D) 尚想其德，恨不同時——感嘆自己德行高潔卻生不逢時

48. 根據本文，無法得知下列何者？

(A) 陶淵明詩多以酒爲寫作題材

(B) 陶淵明詩文在當時獨樹一格

(C) 作者對陶淵明極爲欣賞崇敬

(D) 後世文壇深受陶淵明的影響

107年國中教育會考國文科試題詳解

一、單題（第 1-33 題）

1. **C**

   【解析】「我寧願去……」與「我也寧願去……」兩句為並列句型，因此用「；」。「有猛省的作用」一句語氣已完結，故以「。」作結。末句為感嘆句，宜用「！」。

2. **B**

   【解析】(A) 「只要」改為「只有」；或是「才能」改為「就能」。

   (C) 「反而」改為「不如」。

   (D) 「更何況」改為「而且」。

3. **A**

   【解析】「先母」與「先嚴」稱呼已故的父母，因此 (B)、(D) 可先刪除。「龍顏」一詞指稱帝王的容貌，因此 (C) 選項亦可刪除，故正解為 (A)。

4. **D**

   【解析】(A) 甲國小學生的教育經費「略低於」OECD 平均值。

   (B) 丙國中學生的教育經費「略低於」OECD 平均值。

   (C) 只有乙丁戊三國高等教育的經費多於其他階段學生。

5. **A**

【解析】　從這段敘述中「好的劇本在哪裡？好的製作案在哪裡？」可得知此段文字認爲：(A) 好的劇本與製作案是發展電影產業的根本。(B) 電影特效爲「螺絲釘」，並非吸引觀衆的根本要素。(C) 策劃電影要先打造藍圖，再開發市場。(D) 電影最重要的環節爲「電影特效」。

6. **B**

【解析】　(A) ㄗㄜˊ／ㄓㄚˋ。　(B) ㄈㄨˊ。
(C) ㄆㄨˊ／ㄆㄨˇ。　(D) ㄔㄨㄤ／ㄔㄨㄤˋ。

7. **D**

【解析】　從文中所提及的詞語，如「好吃到不行」等，和全文末句「有一天，世界的細緻之處會不會也消失不見？」推論段落要旨爲「文字的口語化與粗俗化，正壞蝕我所理解的世界」。

8. **A**

【解析】　從「眞正的詩是詩人的心靈，眞正的船是造船者」二句，可得知出「作品皆是創作者內心情志的投射」。

9. **C**

【解析】　(A) 水域混濁時，大魚的數量會「增加」。
(B) 水域清澈時，浮游生物「不易」繁殖。
(D) 同一水域中，動物性與植物性浮游生物多寡成「正比」。

10. **A**

【解析】 此段文字從筆畫布局原則、字體均衡美感,論述
字體精神之所在,而並未提及字體墨色的層次變
化。

11. **B**

【解析】 題幹說明古代文人在官場中,無論面對外在現實
或是內在精神層面皆會感到各種煎熬與掙扎。第
一個缺空處,文人在「宦海波濤」飽受煎熬,所
以宜用「浮沉」。第二個缺空處,為對應「現實
面上」,故選擇「精神」。

12. **A**

【解析】 (A)「躡聲躡足」指「不發出聲音,腳尖著地輕
輕地走」。
(B)「日出而作,日入而息。」太陽出來就起身,
太陽下山就休息,借以形容農家純樸。「焚膏
繼晷」形容夜以繼日地勤讀不怠,與「日出
而作,日入而息」語意衝突。
(C)「天衣無縫」比喻做事精巧,無隙可尋;也
可指詩文渾然天成。因此不能用來形容車水
馬龍,熙來攘往的情況。
(D)「表裡相濟」指裡外互相補益,與語意不合,
應改為「表裡不一」。

13. **B**

【解析】 (A) 殊「徒」同歸應改為殊「途」同歸。

(C) 「嬌」矜自滿應改爲「驕」矜自滿。

(D) 一「層」不變應改爲一「成」不變。

14. **C**

【解析】　由「我們的情緒狀態有很大一部分是取決於我們在注意什麼，一般是聚焦於目前在做的事情上」及「例如想從吃得到快樂，必須注意到自己正在吃」，可推論出 (C)「因此我們的主觀感受與我們所關注的事情密切相關。

15. **B**

【解析】　(B)「負笈」意思是背著書箱。比喻出外求學。「離情依依」是形容離別時難分難捨的情景。而句中的他已「負笈國外多年」，因此不適合用「離情依依」，故語意矛盾。

16. **A**

【解析】　甲標語直接敘述告示目的，告訴人不可踐踏草地；乙標語以兩句類句傳達期望人對草的生命有所愛護的含義，透過委婉的方式勸導人不要踐踏草地，故選 (A)。

(B) 後者句式整齊，表達較爲詼諧委婉，並無義正辭嚴。

(C) 兩者皆以道德勸說爲主，僅標示「不可踩踏草皮」，並非以守法爲其訴求。

(D) 僅「甲」有警告的意味。

17. **A**

【解析】 引文出自唐・耿湋〈雨中宿義興寺〉，語譯為「身上仍背負著家國之思，兩鬢已如星霜般的灰白。」

【語譯】 (A) 「不知明鏡裡那些變白的鬢髮，是從何而來？」

(B) 「漫漫長夜裡美人難以成眠，絲質的衣服都沾上了秋天的霜。」

(C) 「心胸高如空中的朗朗晴日，志節如同秋霜般清高。

(D) 「到了五月還需要穿著貂皮裘衣，因為此地氣候卻像秋天霜降的時節。」

18. **B**

【解析】 (A) 「每位」與「各個」語意重覆，刪去「每位」。

(C) 「浮出現」應在「浮現」或「出現」擇一。

(D) 「僅」與「只」語意重覆，並刪去「在乎」。

19. **D**

【解析】 此句話表達出已知的路比未知的路有更明確的目標，因此更容易掌握。然而，未知的路雖然較難掌握，但也給人更多的想像與期待。

(A) (B) 由「走向未知的路。路還很長」可知(C) 由「只走已知的路，路很快就會走到盡頭」。另，

(D) 強調「勇敢面對每一條路」。

20. **A**

【解析】 從「唉，一個搦管弄翰的女子／被認為無比狂愚」、「時間枉費」，和被視為是美德難以補救的

「過失」、家務乃是女性「最高的藝術最大的用處」，可知作者旨在感嘆世人對女性執筆為文的不平等對待，故選 (A)。

21. **C**

【解析】　句中表達藏書室裡的藏書，是作者迷睡靈魂之所在，而當我們（讀者）呼叫他們（閱讀書籍）時，這些靈魂就會甦醒。因此，閱讀是作者與讀者之間心靈的溝通。

22. **C**

【解析】　從文中「今之士俗，無不好詩」可知當時詩風盛行，而由「庸音雜體，人各為容」到末句「眾睹終淪平鈍」，可知大多作品皆非佳作，故選擇 (C)。

【語譯】　當今的雅士俗人，沒有人不喜歡作詩，才剛學習了一些文字，就全心全意專注在創作中。因此平庸的作品、雜亂的詩體紛至沓來，即便是這類詩作，人人還是自認作品優美。甚至使那些富家子弟們，以詩作不如人為恥，終日點綴文詞，反覆吟詠直到深夜。自己獨自觀賞，認為作品中精彩扼要處足以驚動讀者，但眾人看來，卻只是平庸拙劣的作品罷了。

23. **C**

【解析】　引文強調藝術應「傳統」與「創新」並重，因此「融古典於現代的陶藝創作」最符合此句話的精神。

24. **D**

【解析】 (A) 從「或為中期說秦王曰」，可知有人替中期陳情。

(B) 秦王是因為爭論不勝中期而大怒。

(C) 中期徐行而去，表現出自己與秦王爭論勝利的自信。

【語譯】 秦王與大臣中期爭論，結果辯不過中期。秦王勃然大怒，而中期卻不卑不亢、從容不迫地離開。有人替中期向秦王說情：「中期性情強悍，幸好他遇到賢明的君主，如果他生在從前夏桀、商紂的時代，一定會被處死。」秦王聽了，怒氣頓消，就不怪罪中期。

25. **C**

【解析】 (A) 起、舉用／表現。

(B) 卓越、獨一無二／停止。

(C) 往、到。

(C) 扶持／把、拿。

26. **A**

【解析】 題幹文字說明有「六成四」的企業，會給擁有職務相關證照者優先面試的機會，表示並非「所有」企業都會優先面試擁有職務相關證照的人，故選 (A)。

(B) 相關證照是有形資產，比不上無形資產（如：良好態度、人際關係），能看出一個人的工作表現。

(C) 證照是能量化專業能力的職場有形資產，也是客觀的評估工具。

(D) 從「證照是除了學經歷以外……」，可知「學經歷」才是最能量化專業能力的職場有形資產。

27. **C**

【解析】 (A) 功虧一「簣」／衣食無「虞」。

(B) 衣「冠」禽獸／羽扇「綸」巾。

(C) 運「籌」帷幄／拔得頭「籌」。

(D) 「雍」容華貴／「庸」人自擾。

28. **D**

【解析】 (A) 對松樹的描寫著重於形狀姿態，未描寫其聲與色。

(B) 以「如蓋」、「如幢」、「如人」、「如虯」譬喻山間大松的樣貌，以「聽覺摹寫」描繪泉水與鳥鳴。

(C) 視角從路旁大松、松下清泉、松間藤到其上的鳥兒，由大景至小景逐漸聚焦。

【語譯】 距離新城北方三十里，愈深入山林，草木泉石愈顯幽深。最初尚能騎馬行走於如齒牙般的碎石間，路旁皆為高大松樹，彎曲者如車蓋，筆挺者如旌幢，挺立者如人，平臥者如虯龍。松樹下的草叢間有泉水涓涓流過，流入石井中發出鏘然的聲響。松樹間有數十尺長的藤蔓，彎曲纏繞像一條巨蟒。樹上有鳥，羽毛顏色黑如鴝鵒（ㄑㄩˊㄩˋ），紅頂長嘴，低頭啄食，發出清脆的響聲。

29. **C**

【解析】 (A) 從「心中事、眼中淚、意中人」與「雲破月來花弄影；嬌柔懶起，簾壓捲花影；柳徑無人，墜輕絮無影」可知張子野詞作以婉約、柔美為主。

(B) 由「張三中」與「張三影」可知，子野因詞作中的用字而得外號，可見其在用字方面的特殊喜好。

(C) 「雲破月來花弄影；嬌柔懶起，簾壓捲花影；柳徑無人，墜輕絮無影」為張先平生最得意的三則作品，而非僅有這三則佳作。

(D) 由「人皆謂公張三中」與子野自認是「張三影」的對比可知，子野對於世人稱許自己之處並不完全認同。

【語譯】 有人對子野說：「人們都說您是張三中，即從詞句『心中事、眼中淚、意中人』而來。」子野說：「為何不把我視作張三影？」那人不明白子野的意思，子野說：「『雲破月來花弄影』、『嬌柔懶起，簾壓捲花影』、『柳徑無人，墜輕絮無影』，這三首是我一生中最得意的作品。」

30. **B**

【解析】 從「人之愚不能者常多，而智能者常少」與「並使之，一日而病且亡，誰者任其咎邪？」可知作者藉由擇醫之理，寄託上位者應識才舉賢的道理，故選 (B)。

【語譯】 有人問：「一個人生病而有十位醫生來診治，是要否讓這十位醫生一起看診呢？」我回答：「只要讓其中最優秀的醫生來看診就可以了。」那人又問：「怎麼知道哪一位是最優秀的呢？」我回答：「眾人所認定的最優秀醫生，也要經過我內心的詳細考量後，才可以認定。那些才能比不上最優秀者的醫生們，又不願跟最優秀的醫生商討，甚至還忌妒對方。資質愚笨、才能不足的通常比較多，而聰明、較有才能的人較少。在十位醫生中，那些愚笨又沒才能的人，哪裡知道自己就是那平庸的九位醫生之一呢？倘若讓他們一起看病，病人在短短一天裡病情加重甚至死亡，誰又該負起這個過錯呢？」

31. **B**

【解析】 (A) 甲詩將落在樹上的雪花比擬為梅花，乙詩未將雪與梅相比擬。

(C) 甲乙詩皆無法看出是夜晚的景致。

(D) 甲詩作者無法分辨雪與梅，乙詩作者因花香可以分辨出梅與雪。

【語譯】 甲：春雪滿天飄落，接觸到的地方就像花開一樣。不知道在園中的樹上所開放的，哪個是真的梅花？

乙：牆角有數枝梅花，冒著嚴寒獨自開放。為什麼遠看就知道那是潔白的梅花而非雪花，是因為有清幽的梅花香飄來。

32. **A**

【解析】 (B) 伍子胥用美珠一事威脅邊候。

(C) 邊候並未獲得伍子胥的美珠。

(D) 邊吏釋放伍子胥是因為受其威脅。

【語譯】 伍子胥要逃離國境，被守邊的官吏抓住。伍子胥說：「國君派人追捕我，是因為我有國君想要的美珠。但現在我已丟失了美珠，我將會說是你奪取並私吞的。」守邊的官吏因此釋放了伍子胥。

33. **D**

【解析】 由題幹可知，隋煬帝殺薛道衡是因其「善屬文，而不欲人出其右」，故選 (D)。

【語譯】 隋煬帝擅長寫文章，卻不希望有人勝過他，當時擔任司隸的薛道衡因此得罪隋煬帝。後來隋煬帝因事下令誅殺薛道衡，並說：「如此一來，你還能再作出像『空梁落燕泥』這樣美好的詩句嗎？」

二、題組（第 34-48 題）

34-35 為題組

34. **A**

【解析】 (A) 由文末「我的眼睛朝著自己的腳望去……完全看不到腳下的拖鞋」可知作者在仰光也會穿小一號的拖鞋。

(B) 印尼人覺得鞋子長度不應超過腳丫子。

(C) 由「緬甸人在我眼中好『沒常識』，總喜歡買小一號的拖鞋」可知緬甸人喜歡穿的是小一號的拖鞋，而非沙龍。

(D) 文中只說明人的體溫爲攝氏 37 度，並未提及
埃及人體溫較其他國家人高。

35. **D**

【解析】　由畫線處的前一段，提及「鞋子要比腳大一點點
比較好」的想法不適用於緬甸雨季，以及後一段
提到「一個不知道自己認知的常識並非放諸四海
皆準的人……被人當作笑話談論的那個」，可知
作者認爲的「常識」並不能套用到其他國家的人
身上，故選擇 (D)。

36-37 爲題組

36. **B**

【解析】　(A) 從年表可知柏林圍牆從 1989 年 11 月 9 日遭
拆除，而當時東、西德並未統一。

(B) 由圖表可知 1949 年東、西德各自建國，至
1990 年德國統一，其間超過四十年。

(C) 蘇聯並非一攻陷柏林即興建柏林圍牆。

(D) 1971 年，西柏林人因美、英、法、蘇達成協
議，而可以造訪東德，此時柏林圍牆尙未拆
除。

37. **C**

【解析】　（甲）甘迺迪訪問西柏林爲 1963 年，

（乙）布蘭登堡門關閉爲 1961 年，

（丙）雷根當選美國總統應在 1963 年前總統甘
迺迪訪問西柏林之後，

（丁）戈巴契夫下臺應在 1987 年與美國總統雷
根會談後，

故正確的時間順序爲 (C) 乙→甲→丙→丁。

<u>38-39 爲題組</u>

38 **D**

【解析】 文中以好大喜功的秦始皇、漢武帝、唐玄宗及亡
國的秦二世爲例，說明舉行封禪的皇帝未必賢德
英明，故選 (D)。

(A)「封」「禪」各在不同處進行，帝王登泰山頂
築壇祭天叫「封」，在泰山下的梁甫或其他山
上辟基祭地稱「禪」。

(B) 封禪泰山是評價皇帝在任期間功績的標準，
目的並非爲人民祈福。

(C) 由「但是看看泰山歷史……才會封禪表揚自
己」可知並非是物富民豐的年代才會舉行封
禪。

39. **C**

【解析】 秦二世的封禪刻石是丞相李斯的篆書鐫刻而成，
且秦代通行的字體是篆書，故選 (C)。

(A) 隸書。

(B) 金文。

(D) 行書。

40-41 為題組

40. **D**

　【解析】　從文中首段「一旦被藥廠認定不會帶來利潤的藥，馬上就會停止生產。」、「藥廠決定停止生產重要藥品的原因，是想騰出生產線來製造其他更有利潤的藥物」，可知選 (D)。

41. **B**

　【解析】　文末提及製造疫苗的藥廠越來越少，是因製造疫苗的利潤不高，導致不少藥廠放棄製造疫苗，可能轉而製造其他有利潤的藥物，而無法推知整體的藥廠數量是否也越來越少。故答案選 (B)。

42-43 為題組

42. **A**

　【解析】　由文中「一個人大聲說話，是本能；小聲說話，是文明。」一句，可知應選 (A)。

43. **D**

　【解析】　未引用西方事例對照，也未藉此顯揚民族文化，而是諷刺國人習慣高聲談話的弊病。

44-46 為題組

44. **C**

　【解析】　(C) 主詞為「守門者」。

【語譯】 五代朱梁時，山東青州有商人乘船渡海遇到暴風，漂流到某處，遠看岸上有山川城邑。船員說：「以前也遇過風暴，但未曾漂流到此處。我聽說鬼國在此，難道是這裡？」不久，船靠了岸，青州客上岸後，朝城邑走去。此處的田園房舍，和中國沒有什麼兩樣。船上的人上岸後，見了當地人都作揖行禮，但這裡的人都看不見他們。到了城門前，大家向守門的人行禮，守門的人也不理會。他們進城後，看見街道房舍很熱鬧繁華。走進王宮，宮裡正舉行宴會，大臣和侍從有幾十個人，他們的器物、用品、樂器等各種擺設，也很像中國。青州客登上大殿，靠近王座窺探國王。不久國王生了病，左右侍從攙扶下去後，急忙找來巫師察看。巫師到來，便說：「有陽間的人來到這裡，他的陽氣逼人，才使得大王生病。他是偶然來到這裡，並非有心作怪，只要用飲食、車馬招待後送走，就可以了。」於是國王命令擺設美酒與食物，在另外一個廳堂裡設了宴席，巫師和大臣們都來祭祀祝禱，這群人就大吃起來。不久，有個僕役牽著馬來，這群人就騎上馬回到岸邊，登上船隻，這個國度的人竟然沒有人能看得見他們。青州客又乘著順風回到青州，當時賀德儉擔任青州節度使，和魏博節度使楊師厚是親戚，就派這位商人去了魏博，他向楊師厚報告在海上去過鬼國的經歷。魏博人范宣古親耳聽到這件事，然後又告訴了我。

45. B

【解析】(A) 由「其廬舍田畝，不殊中國」可知，與中國無異。

(C) 由「客因升殿，俯逼王座以窺之。俄而王有疾」可知青州客接近王座窺探而導致國王生病。

(D) 由「見人皆揖之，而人皆不見己」與「至岸登舟，國人竟不見己」可知，王國上的人們都看不見他們。

46. D

【解析】文末說明這篇故事是范宣古親自聽到商客報告去過鬼國，再告知作者，可知作者想強調其故事內容言之有據，而非交代故事的發生地點或作者身分、來歷，故選 (D)。

47-48 為題組

47. B

【解析】(A) 指把自己的情意寄託在酒中。

(C) 詩文的意境氣勢豪放，直衝雲霄。

(D) 崇拜他的品德，遺憾自己沒有和他生活在一個時代。

【語譯】有人因陶淵明的詩作每一篇都以酒為題材而感到奇怪，我則認為他的本意並不是在酒，而是作為自己生平言行與內在情趣的寄託。他的文章超群

出眾，辭采精妙，氣勢豪放，旨意鮮明，超越眾
多的作家，詞句抑揚頓挫，清朗通達，無人能及。
有時意境婉約如小橋流水，有時氣勢磅礴直上雲
霄。談論時事見解精闢，發人深省；談到抱負則
遠大真切、曠達率真。加上他堅定志向從不停歇，
安於自己的理念，堅苦卓絕而不改變，不把親自
耕種當作恥辱，不因貧窮而感到痛苦。如果不是
品德賢良敦厚的人堅守志向，誰能達到這樣的境
界？我非常喜歡他的詩文，愛不釋手，也非常仰
慕他的美德，很遺憾無法和他活在同一個時代。

48. **D**

【解析】 (A) 由「有疑陶淵明詩篇篇有酒」可知其作品多
以酒為題材。

(C) 由「余愛嗜其文……恨不同時」可知作者對
陶淵明極為欣賞。

(D) 文中闡述陶淵明的創作特色與美德，並說明
作者對其崇仰之情，而未提及後世文壇是否
深受陶淵明的影響。

107 年度國中教育會考
國文科公佈答案

題　號	答　案	題　號	答　案	題　號	答　案
1	C	17	A	33	D
2	B	18	B	34	A
3	A	19	D	35	D
4	D	20	A	36	B
5	A	21	C	37	C
6	B	22	C	38	D
7	D	23	C	39	C
8	A	24	D	40	D
9	C	25	C	41	B
10	A	26	A	42	A
11	B	27	C	43	D
12	A	28	D	44	C
13	B	29	C	45	B
14	C	30	B	46	D
15	B	31	B	47	B
16	A	32	A	48	D

107 年國中教育會考寫作測驗試題

　　請依照題意作答。測驗時間為 50 分鐘，請注意作答時間的控制。

請先閱讀以下提示，並按題意要求完成一篇文章。

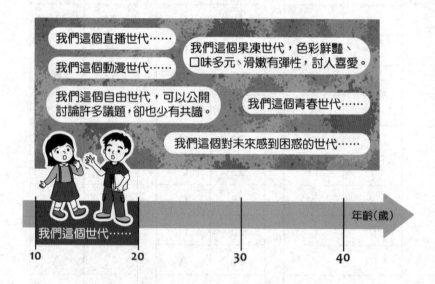

　　每個世代都有其關注的事物、困擾的問題，或是對未來的想像，構成了各個世代的精采面貌。你覺得自己的這個世代有什麼樣的特質？這些特質也許是刻板印象，也許是你身處其中的真實觀察。**請以「我們這個世代」為題，寫下你的經驗、感受或想法。**

※不可在文中洩漏私人身分

※不可使用詩歌體

107年國中教育會考寫作測驗試題詳解

我們這個世代

【作文範例】

宋裕國文教學團隊——施又瑄老師

我們這個世代，孤獨而又燦爛。

人生如果是一首歌，我的旋律會是什麼？十五歲的年紀正是唱完了前奏，即將進入重要的第一段主歌。長輩說現在的年輕人衣食無缺，缺的是禮貌和積極上進；老師說青少年不懂珍惜，因爲還有大把的青春可以浪費；同學說除了人際關係、升學壓力，他們更在意剛上市的電玩遊戲、新款手機。那我呢？我彷彿聽見，來自未來的自己，在等待著一個答案。

我們這個世代，手機和耳機是許多人生活中最親近的朋友。現代人的孤獨造成了直播世界的興起。網路讓人不孤單，卻也讓人更顯得孤寂。下課後，我看見有人在球場上用汗水展現青春；有人在空地用舞蹈記錄生活；有人到補習班精進自己，爲了父母的期望，也爲了自己夢想中的未來。未來，卻像充滿荊棘的迷宮，令人裹足不前。

打開電視新聞，上一個世代的人們走上街頭抗議自己的權益受損；有一群人勇於表達自己喜歡的是同性；社會新鮮人受困於低薪的問題；滿街的夾娃娃機店販賣的是十元的小確幸，也可能是昂貴的快樂。抬頭仰望的天空不再蔚藍，而是充滿塵埃。少子化問題讓小孩越來越少，唯有煩惱越來越多。不同的世代，一樣的心酸。難道，光明與希望真的遙不可及嗎？

其實不然。我們這個世代依然存在著期待。因為「這是最壞的時代，也是最好的時代。」在我們的家園中，仍然有許多人盡忠職守。我們有他國羨慕的言論自由；有熱血年輕人的創意無限；有智慧長者的經驗等待傳承。面對自己的人生，我選擇勇敢向前；面對充滿挑戰的多元社會，我努力做好準備。這首生之歌，可以犯錯，卻不能重來。當副歌響起，但願將來的我能看見，滿天的落花鋪成一片紅毯，迎接大家到未來，精彩未完的未來。那是我們能改變的世代──不再孤獨，卻依然燦爛。

《我們這個世代》

【作文範例】

宋裕國文教學團隊——李芳華老師

　　美國著名普普藝術家安迪・沃荷曾經說過這麼一句話：「在未來，每個人都能成名十五分鐘」。我們這個世代，有臉書、有社群、有直播，那些一夕成名、前仆後繼的網紅們，是我們這個世代另類崛起的英雄。每一個人都有「成名十五分鐘」的可能，因此，我們汲汲營營，一「網」情深，沉迷其中，無法自拔。

　　我不在上網路，就是在上網的路上。自從開啟行動上網的潘朵拉盒子，網路科技建構出豐富多元的各種生活平臺，不像現實世界，日復一日的吃飯、睡覺、上課、下課，墜入無止盡的輪迴。難怪日前電信公司推出「母親節四九九網路吃到飽」專案，爆發全民排隊恐慌潮。我們這個世代，當人人開始豢養起旅行青蛙——「聽說你的青蛙回來過？」儼然是日常生活裡最為親切體貼的打招呼用語。人與人之間的親密零時差，「已讀不回」是生命中不能承受的輕忽，一致公認為最沒有禮貌的行為。在虛擬的國度裡，情感的深度也可以用虛擬來累積。和你聊天的那個人究竟是男是女？多大年紀？有何企圖？明明不曾謀面，在網路的時間軸裡，卻已經認識了三生三世。對照難以滿足的現實環境，我們只能以「厭世」消極面對。看淡現實生活，寧願花更多時間精力在虛擬

世界裡，彷彿電影《一級玩家》的預言，活在殘破的鐵皮屋塔樓中，卻在虛擬的綠洲遊戲中找到生存的動力，那是一個比現實生活更加真實有味的雲端人生！但是，人生真的能夠永遠活在虛擬的夢境中嗎？夢，不會因為許多人一起做，就可以永遠不要醒！

　　如何在這個虛擬的網路世代自處，取得現實和虛擬生活的平衡？首先我想先要規劃上網的時間，沉思而不沉迷，這些年電競大賽的相關報導，說明了虛擬遊戲也可以是一種心智運動，在虛擬世界你有可能被稱為大神，受傷了只要點補血藥，但是現實世界你必須找時間好好坐下來吃頓飯。自拍、直播、虛擬實境也可以添加現實的生活趣味；你的粉絲團人數增加了，只是因為你一直在這方面做了很多努力；有的人受不了網路偏見留言而尋短見；有的人靠人肉搜索找到失落的物品；有的人開團靠著高人氣粉絲結集出書。學生尚屬重點學習階段，網路是很好的工具和利器，能不役於物，不玩物喪志，不是上網一條龍，下網一條蟲，才是這個世代悠遊網路世界的高手！

　　是我們選擇了這個世代，不是這個世代選擇了我們。我們可以開機遊戲練功，我們可以關機會面聚餐，雖然網路將我們的生活編織得密不透風，如果不想透不過氣來，最好偶爾抬起頭，放下手機，走進人群，好好注視這個有點醜，但是充滿小確幸的美好世代——這個只屬於我們的美好世代！

劉毅「國八升國九5A++超級保證班」

■上課時間：

	星期六	科目	星期日	科目
早上	9:00~12:00	開放免費 來班自習	8:30~10:00	週考
			10:00~12:30	自然
下午	2:00~2:30	週考	1:30~3:30	社會
	2:30~5:00	英文	3:30~5:30	國文
晚上	6:00~6:30	週考	6:30~9:30	精密研讀 輔導解惑
	6:30~9:30	數學		

■學習流程：

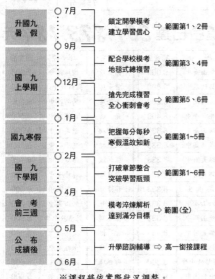

升國九 暑假	7月 ⋮ 9月	鎖定開學模考 建立學習信心	⇨ 範圍第1、2冊
國九 上學期	9月 ⋮ 12月	配合學校模考 地毯式總複習	⇨ 範圍第3、4冊
	12月 ⋮ 1月	搶先完成複習 全心衝刺會考	⇨ 範圍第5、6冊
國九寒假	1月 ⋮ 2月	把握每分每秒 寒假溫故知新	⇨ 範圍第1~5冊
國九 下學期	2月 ⋮ 4月	打破章節整合 突破學習瓶頸	⇨ 範圍第1~6冊
會考 前三週	4月 ⋮ 5月	模考淬煉解析 達到滿分目標	⇨ 範圍(全)
公布 成績後	5月 ⋮ 6月	升學諮詢輔導	⇨ 高一銜接課程

※課程將依實際狀況調整。

▷好康方案 ①

※本班提供劉毅「107年(秋)國九5A++超級保證班」同學申請「段考獎學金」

段考成績	保證班獎學金
班排6-10名	1萬元
班排1-5名	2萬元
校排1-10名	3萬元

※獎金領取：憑國中「任一次段考成績單」，報名國中會考保證班完成手續，即可申請領獎。

▷好康方案 ②

※本班提供「劉毅升高一英文班」同學皆可申請『模考獎學金』、『國中會考獎學金』兩項獎學金。

模考成績	獎學金
5A	10000元
4A	9000元
3A	8000元
2A	7000元
1A	6000元

※憑國九「學校模擬考成績單」，報名升高一英文班完成手續，可7日立即領獎。

會考成績	高一英文獎學金
5A++	10萬元
5A+	5萬元
5A	3萬元

※以「當年度國中教育會考成績單正本」辦理，報名升高一英文班完成手續，依序分六期獎學金發放。

※以上為108年應屆申請總獎金1000萬元，送完為止。此獎學金為鼓勵學生積極向上，如有疏漏，本班保有獎金申請辦法最終解釋權。

▷好康方案 ③ 亡羊補牢專案：

※若已報名升國九任一學期課程的學生，歡迎到班出示他家退費證明，損失金額本班全額吸收可做折抵，立即享有劉毅國中會考超級保證班師資、教材資源。

黑暗中的一絲曙光5A++ 超級保證班逆轉勝說明會		
狀元及第	週六	下午3:00~5:00
金榜題名	週六	晚上7:00~9:00
拔得頭籌	週日	下午3:00~5:00
獨占鰲頭	週日	晚上7:00~9:00
名額有限，搶完為止，搶位專線(02)2389-5212		

不只拿高分，還要拿獎金！

- 凡「劉毅學測保證班」同學，於學科能力測驗，任何一科14級分，可得獎學金**500**元；15級分每科目**1,000**元；75滿級分，可得獎學金**1萬**元，以上獎金方案請擇優申請。

- 學測後一個月內，請憑「學科能力測驗成績單正本」來班申請現金支票。

(此獎金為鼓勵學生積極向上，如有疏漏，本班保有獎金申請最終解釋權。)

高 額 獎 學 金

校內段考		在校學期		模擬考試		學測成績	
獎項	獎學金	獎項	獎學金	獎項	獎學金	獎項	獎學金
總成績第1名	3,000元	總成績第1名	5,000元	全班第1名	5,000元	英文科14級分	500元
總成績第2~3名	1,000元	總成績第2~5名	1,000元	全班第2~5名	1,000元	英文科15級分	1,000元
段考英文80分以上	1,000元					全科75級分	10,000元

劉毅英文家教班累計發放獎金已達 **251,873,184** 元

姓名	學校	總金額	姓名	學校	總金額	姓名	學校	總金額
潘羽薇	丹鳳高中	21,100	陳玟妤	中山女中	9,000	謝宜廷	樹林高中	7,000
孔為亮	中崙高中	20,000	林泇欣	格致高中	8,800	翁子惇	縣格致中學	6,900
吳文心	北一女中	17,666	黃教頤	大同高中	8,600	朱浩廷	陽明高中	6,500
賴柏盛	建國中學	17,366	蘇玉如	北一女中	8,400	張毓	成淵高中	6,500
劉記齊	建國中學	16,866	廖奕翔	松山高中	8,333	吳宇珊	景美女中	6,200
張庭碩	建國中學	16,766	廖克軒	成功高中	8,333	王昱翔	延平高中	6,200
陳瑾慧	北一女中	16,700	呂承翰	師大附中	8,333	張祐誠	林口高中	6,100
羅培恩	建國中學	16,666	鮑其鈺	師大附中	8,333	游霈晴	靜修女中	6,000
毛威凱	建國中學	16,666	簡珞帆	高中生	8,333	林彥君	大同高中	6,000
王辰方	北一女中	16,666	蕭羽涵	松山高中	8,333	張騰升	松山高中	6,000
李俊逸	建國中學	16,666	廖奕翔	松山高中	8,333	陳姿穎	縣格致中學	5,900
溫彥瑜	建國中學	16,666	蕭若浩	師大附中	8,333	沈怡	復興高中	5,800
葉乃元	建國中學	16,666	連偉宸	師大附中	8,333	莊永瑋	中壢高中	5,600
邱御碩	建國中學	16,666	王舒亭	縣格致中學	8,300	邱鈺璶	成功高中	5,600
劉樺坤	松山高中	14,400	楊政勳	中和高中	8,100	許斯閔	丹鳳高中	5,500
張凱俐	中山女中	13,333	鄭鈺立	建國中學	8,000	郭子豪	師大附中	5,400
邱馨荷	北一女中	12,000	吳宇晏	南港高中	8,000	黃韻蓉	東吳大學	5,400
陳瑾瑜	北一女中	11,700	楊沐烙	師大附中	7,750	陸冠宏	師大附中	5,200
施怛凱	松山高中	10,450	謝育姍	景美女中	7,600	李柏霆	明倫高中	5,100
陳宇翔	成功高中	10,333	高士權	建國中學	7,600	孫廷瑋	成功高中	5,100
林上軒	政大附中	10,000	吳鴻鑫	中正高中	7,333	李泓霖	松山高中	5,000

※因版面有限，尚有許多成績優異的同學，未能刊出，敬請見諒！

劉毅英文教育機構 台北市許昌街17號6F（捷運M8出口對面）TEL：（02）2389-5212
網址：www.learnbook.com.tw

高三同學要如何準備「升大學考試」

考前該如何準備「學測」呢？「劉毅英文」的同學很簡單，只要熟讀每次的模考試題就行了。每一份試題都在7000字範圍內，就不必再背7000字了，從後面往前複習，越後面越重要，一定要把最後10份試題唸得滾瓜爛熟。根據以往的經驗，詞彙題絕對不會超出7000字範圍。每年題型變化不大，只要針對下面幾個大題準備即可。

準備「詞彙題」最佳資料：

背了再背，背到滾瓜爛熟，讓背單字變成樂趣。

考前不斷地做模擬試題就對了！

你做的題目愈多，分數就愈高。不要忘記，每次參加模考前，都要背單字、背自己所喜歡的作文。考壞不難過，勇往直前，必可得高分！

練習「模擬試題」，可參考「學習出版公司」最新出版的「7000字學測試題詳解」。我們試題的特色是：

①以「高中常用7000字」為範圍。 ②經過外籍專家多次校對，不會學錯。③每份試題都有詳細解答，對錯答案均有明確交待。

「克漏字」如何答題

　　第二大題綜合測驗（即「克漏字」），不是考句意，就是考簡單的文法。當四個選項都不相同時，就是考句意，就沒有文法的問題；當四個選項單字相同、字群排列不同時，就是考文法，此時就要注意到文法的分析，大多是考連接詞、分詞構句、時態等。「克漏字」是考生最弱的一環，你難，別人也難，只要考前利用這種答題技巧，勤加練習，就容易勝過別人。

準備「綜合測驗」（克漏字）可參考「學習出版公司」最新出版的「7000字克漏字詳解」。

本書特色：

1. 取材自大規模考試，英雄所見略同。
2. 不超出7000字範圍，不會做白工。
3. 每個句子都有文法分析。一目了然。
4. 對錯答案都有明確交待，列出生字，
   不用查字典。
5. 經過「劉毅英文」同學實際考過，效
   果極佳。

「文意選填」答題技巧

　　在做「文意選填」的時候，一定要冷靜。你要記住，一個空格一個答案，如果你不知道該選哪個才好，不妨先把詞性正確的選項挑出來，如介詞後面一定是名詞，選項裡面只有兩個名詞，再用刪去法，把不可能的選項刪掉。也要特別注意時間的掌控，已經用過的選項就劃掉，以免重複考慮，浪費時間。

準備「文意選填」，可參考「學習出版公司」最新出版的「7000字文意選填詳解」。

特色與「7000字克漏字詳解」相同，不超出7000字的範圍，有詳細解答。

「閱讀測驗」的答題祕訣

① 尋找關鍵字——整篇文章中,最重要就是第一句和最後一句,第一句稱為主題句,最後一句稱為結尾句。每段的第一句和最後一句,第二重要,是該段落的主題句和結尾句。從「主題句」和「結尾句」中,找出相同的關鍵字,就是文章的重點。因為美國人從小被訓練,寫作文要注重主題句,他們給學生一個題目後,要求主題句和結尾句都必須有關鍵字。

② 先看題目、劃線、找出答案、標題號——考試的時候,先把閱讀測驗題目瀏覽一遍,在文章中掃瞄和題幹中相同的關鍵字,把和題目相關的句子,用線畫起來,便可一目了然。通常一句話只會考一題,你畫了線以後,再標上題號,接下來,你找其他題目的答案,就會更快了。

③ 碰到難的單字不要害怕,往往在文章的其他地方,會出現同義字,因為寫文章的人不喜歡重覆,所以才會有難的單字。

④ 如果閱測內容已經知道,像時事等,你就可以直接做答了。

準備「閱讀測驗」,可參考「學習出版公司」最新出版的「7000字閱讀測驗詳解」,本書不超出7000字範圍,每個句子都有文法分析,對錯答案都有明確交待,單字註明級數,不需要再查字典。

「中翻英」如何準備

可參考劉毅老師的「英文翻譯句型講座實況DVD」,以及「文法句型180」和「翻譯句型800」。考前不停地練習中翻英,翻完之後,要給外籍老師改。翻譯題做得越多,越熟練。

「英文作文」怎樣寫才能得高分？

① 字體要寫整齊，最好是印刷體，工工整整，不要塗改。

② 文章不可離題，尤其是每段的第一句和最後一句，最好要有題目所說的關鍵字。

③ 不要全部用簡單句，句子最好要有各種變化，單句、複句、合句、形容詞片語、分詞構句等，混合使用。

④ 不要忘記多使用轉承語，像 *at present*（現在），*generally speaking*（一般說來），*in other words*（換句話說），*in particular*（特別地），*all in all*（總而言之）等。

⑤ 拿到考題，最好先寫作文，很多同學考試時，作文來不及寫，吃虧很大。但是，如果看到作文題目不會寫，就先寫測驗題，這個時候，可將題目中作文可使用的單字、成語圈起來，寫作文時就有東西寫了。但千萬記住，絕對不可以抄考卷中的句子，一旦被發現，就會以零分計算。

⑥ 試卷有規定標題，就要寫標題。記住，每段一開始，要內縮5或7個字母。

⑦ 可多引用諺語或名言，並注意標點符號的使用。文章中有各種標點符號，會使文章變得更美。

⑧ 整體的美觀也很重要，段落的最後一行字數不能太少，也不能太多。段落的字數要平均分配，不能第一段只有一、兩句，第二段一大堆。第一段可以比第二段少一點。

準備「英文作文」，可參考「學習出版公司」出版的：